新型职业农民培育教材

互联网+现代农业

刘 志 耿 凡 徐健剑 主编

中国农业科学技术出版社

图书在版编目（CIP）数据

互联网+现代农业/刘志，耿凡，徐健剑主编.—北京：中国农业科学技术出版社，2015.10

ISBN 978-7-5116-2233-4

Ⅰ.①互… Ⅱ.①刘… ②…耿 ③…徐 Ⅲ.①互联网络-应用-现代农业-研究 Ⅳ.①F303.3-39

中国版本图书馆 CIP 数据核字（2015）第 188946 号

责任编辑 王更新
责任校对 贾海霞

出 版 者 中国农业科学技术出版社
北京市中关村南大街 12 号 邮编：100081
电 话 (010)82106639(编辑室) (010)82109702(发行部)
(010)82109703(读者服务部)
传 真 (010)82106639
网 址 http://www.castp.cn
经 销 者 各地新华书店
印 刷 者 北京富泰印刷有限责任公司
开 本 850mm×1 168mm 1/32
印 张 7.75
字 数 186 千字
版 次 2015 年 10 月第 1 版 2015 年 11 月第 2 次印刷
定 价 26.00 元

《互联网+现代农业》

编 委 会

前　　言

当前，我国农业正经受资源短缺、开发过度和污染加重的考验，面临国内生产成本攀升与大宗农产品国内价格普遍高于国际市场的“双重挤压”，农村在城乡资源要素加速流动中边缘化，农民在产业弱质和制度歧视的双重压力下增收难，迫切需要加大改革创新力度，加快农业现代化建设。

与互联网的一日千里、千变万化相比，农业显得安静祥和、不紧不慢。然而，两者在慢慢融合。今年，李克强总理在政府工作报告中提出“‘互联网+’行动计划”，全国上下正在谋划推动新一代信息技术与现代产业跨界融合，打造新引擎，培育和催生经济社会发展新动力，形成一批具有重大引领、支撑作用的新业态、新产业。农业是“‘互联网+’行动计划”的核心领域之一。

“互联网+农业”是充分利用移动互联网、大数据、云计算、物联网等新一代信息技术与农业的跨界融合，创新基于互联网平台的现代农业新产品、新模式与新业态。以“互联网+农业”驱动，努力打造“信息支撑、管理协同，产出高效、产品安全，资源节约、环境友好”的我国现代农业发展升级版。

互联网农业是解决“三农”问题的新法宝、未来现代农业发展的方向就是互联网农业，农业只有与互联网有效地结合才能成为现代农业。

本书全面、系统地介绍了互联网+现代农业为农业创新打开空间、农产品电子商务的内涵、农产品电子商务的产生和发展、农产品电子商务发展中存在的问题、“互联网+农业”引导农民致富、电子商务平台的搭建、农产品网络营销、没有农业现代化不叫现代化、农产品电子商务发展的成功案例等内容。

由于编者水平所限，加之时间仓促，书中不尽如人意之处在所难免，恳切希望广大读者和同行不吝指正。

编　者

目　　录

第一章　互联网+现代农业为农业创新打开空间

第一节　2015年两会热词“互联网+”

2015年3月3日至15日，一年一度的全国两会在人民大会堂举行。这次大会总共有两千多名政协委员和近三千名人大代表参加，其中，来自互联网业的代表人士已经增至6人，这从一个侧面反映出互联网业的影响力或者重要性正在逐渐提高。更值得关注的一个现象是，在2015年的两会上，无论是来自互联网业还是非互联网业的代表们围绕互联网提出的议案数量暴增。

一、2015年两会有关“互联网+”的议案

在这些众多与互联网相关的议案之中，全国人大代表、腾讯董事长马化腾所提的4项议案格外令人瞩目，其中，最引起轰动的就是《关于以“互联网+”为驱动，推进我国经济社会创新发展的建议》。

2014年因病缺席两会的马化腾，在2015年两会上一反常态的“高调”，一口气连发4项议案，都与互联网有关。

议案一：关于以“互联网+”为驱动，推进我国经济社会创新发展的建议。提出“互联网+”是以互联网平台为基础，

利用信息通信技术与各行业的跨界融合，推动产业转型升级，并不断创造出新产品、新业务与新模式，构建连接一切的新生态。议案提出，要持续以“互联网+”为驱动，鼓励产业创新、促进跨界融合、惠及社会民生，推动我国经济和社会的持续发展与转型升级。

议案二：关于运用移动互联网推进智慧民生发展的建议。全球已经步入移动互联网连接一切的时代。我国的移动互联网发展也已走在世界前列，成为仅次于美国的全球第二大信息经济体，移动互联网经济占 GDP 的比重由 1996 年的 5.0% 提高至 2013 年的 23.7%。移动互联网的巨大优势使我国有能力加快移动互联网在民生领域的普及和应用，可以把“人与公共服务”通过数字化的方式全面连接起来，从而大幅提升社会整体服务效率和水平，实现智慧民生。

议案三：关于加强网络版权的保护，促进我国文化产业发展的建议。互联网与传统文化产业的深度融合，使得互联网与内容产业成为一个有机的生态体系，释放出越来越大的市场价值，真正促进了文化产业振兴。在此背景下，国家需要进一步完善知识产权保护环境，培育正版消费理念，以保障文化产业更好更快发展。

议案四：关于推进我国移动互联网信息无障碍标准制定及落实的建议。信息无障碍是指任何人（无论是健全人还是残疾人，年轻人还是老年人）在任何情况下都能平等、方便、无障碍地获取信息、使用信息。信息无障碍不是多数人对少数人的怜悯，而是对每个公民切身利益的关怀。开展信息无障碍工作，是让每个人无论遇到什么困难，无论身体机能是否缺失或退化，都能保持与社会的联络。老年人也能像年轻人一样，通过信息通信工具和信息网络与他人交流、与社会同步，融入信息世界。

二、亲民的政府工作报告

马化腾与媒体见面会次日，也就是3月5日，国务院总理李克强在提交十二届全国人大三次会议审议的《政府工作报告》中提出，制定“互联网＋”行动计划，推动移动互联网、云计算、大数据、物联网等与现代制造业结合，促进电子商务、工业互联网和互联网金融健康发展，引导互联网企业拓展国际市场。国家已设立400亿元新兴产业创业投资引导基金，要整合筹措更多资金，为产业创新加油助力。

第二节　“互联网＋”的内涵与外延

2015年3月5日，国务院总理李克强在提交十二届全国人大三次会议审议的《政府工作报告》中提出，制定“互联网＋”行动计划。一时之间，“互联网＋”迅速成为中国社会最热门的词汇，政、产、学、研、资、农等各界人士均对“互联网＋”的内涵和外延做出了各自不同维度的解读。

国家发展和改革委员会对“互联网＋”的解释是：“互联网＋”代表一种新的经济形态，即充分发挥互联网在生产要素配置中的优化和集成作用，将互联网的创新成果深度融合于经济社会各领域之中，提高实体经济的创新力和生产力，形成更广泛的以互联网为基础设施和实现工具的经济发展新形态。

工信部副部长苏波认为，全球产业发展进入深度调整、深刻变革的新时期，这对我国加快产业结构调整提出了紧迫要求。从产业形态看，互联网与传统产业加速融合，“互联网＋”成为产业发展新常态；从创新模式看，创新载体由单个企业向跨领域多主体的创新网络转变；从生产方面看，新一代信息技术，特别是互联网技术与制造业融合不断深化，智能制造加快发展；从组织形态看，生产小型化、智能化、专业化特征日益突出。

阿里研究院在《“互联网+”研究报告》中指出，“互联网+”是以互联网为主的一整套信息技术（包括移动互联网、云计算、大数据技术等）在经济、社会、生活各部门的扩散、应用过程。互联网作为一种通用技术，和100年前的电力技术、200年前的蒸汽机技术一样，将对人类经济社会产生巨大、深远而广泛的影响。“互联网+”的前提是互联网作为一种基础设施的广泛安装。2015年是互联网进入中国21周年，中国迄今已经有6.5亿网民，5亿智能手机用户，通信网络的进步，互联网、智能手机、智能芯片在企业、人群和物体中的广泛安装，为下一阶段的“互联网+”奠定了坚实的基础。“互联网+”的本质是传统产业的在线化、数据化。网络零售、在线批发、跨境电商、快的打车、淘点点所做的工作都在努力实现交易的在线化。“互联网+”的内涵与传统意义上的“信息化”有根本区别，或者说“互联网+”重新定义了信息化。我们之前把信息化定义为ICT技术不断应用深化的过程，但假如ICT技术的普及、应用没有释放出信息和数据的流动性，未曾促进信息和数据在跨组织、跨地域的广泛分享使用，那么就会出现“IT黑洞”陷阱，信息化效益将难以体现。在互联网时代，信息化正在回归“信息为核心”这个本质。互联网是迄今为止人类所看到的信息处理成本最低的基础设施。互联网天然具备的全球开放、平等、透明等特性使得信息/数据在工业社会中被压抑的巨大潜力爆发出来，转化成巨大的生产力，并进一步成为社会财富增长的新源泉。

阿里研究院院长高红冰认为，“互联网+”实际上是从增量到存量的改革路径，互联网企业融合传统企业、传统企业拥抱互联网，这两支力量融合在一起将创造新的经济行业，并推动社会发展。在具体实施中，“互联网+”比较容易被突破的领域包括：一是行政垄断比较少、市场化程度比较高的领域，如零售业、餐饮业、物流行业等；二是供需发生转换，供大于求的领域，如房地产供求发生反转会加速其互联网化；三是问题较多、老百姓不满意、信息化水平低的行业，如城市交通、医疗领域。而“互联网+”比较难突破的领域是行政垄断壁垒高的行业，如金融服务、能源行业（如成品油零售）、通信业。这些领域取决于放松管制改革的进程。

腾讯研究院《腾讯“互联网+”系列报告之一：愿景篇》中指出：“互联网+”有四个基本要素。一是技术基础，即“互联网+”是以现代信息通信为支撑的互联网平台；二是实现路径，即互联网平台与传统产业的各种跨界融合；三是表现形式，即各种跨界融合的结果呈现为产品、业务、模式的不断迭代出新；四是“互联网+”的最终形态是一个由产品、业务、模式构成的，动态的、自我进化的、连接一切的新生态。四个要素形成一个自然的递进关系，体现在：在技术基础之上，遵循跨界融合的实现路径，融入互联网基因的新产品、新业务、新模式不断演进，最终达到“互联网+”在微观上连接一切、在中观上产业变革、在宏观上经济转型的动态平衡。在实现过程中，“互联网+”可分为6个层次。一是终端互联，二是数据交换，三是动态优化，四是效率提升，五是产业变革，最后是社会转型。从本质上来说，互联网及信息要素贯穿于整个产业生态，将世界变平坦，相应的供应方、需求者及平台管理方式都将改变。而“互联网+”的内涵，就是以信息为载体，将万物互联。“互联网+”的外延，则是万物在各情境之下的所有属性在数据化后，实现实时信息交换，以虚拟信息的无间断交换置换实体经济的效率损耗，从而达到复杂系统的最优化运行。简而言之，“互联网+”就是用信息的无间断交换来减少实体经济的冗余，做到所有要素恰到好处的最佳利用。在理想的状态下，“互联网+”会在社会经济体系中逐步迭代，自动纠正在经济体系中市场扭曲最严重、效率最低下的部分。迭代的结果也正是“互联网+”的愿景，现实生产生活无限接近于其定义的外延，即借助信息交换达至一个“帕累托最优”的世界。

腾讯董事长马化腾在《关于以“互联网+”为驱动，推进我国经济社会创新发展的建议》中指出，由于互联网具有打破信息不对称、降低交易成本、促进专业化分工、优化资源配置以及提升劳动生产率的特点，其为我国经济转型升级提供了重要的途径和发展机遇。为此，我们需要持续以“互联网+”为驱动，鼓励产业创新、促进跨界融合、惠及社会民生，推动我国经济和社会的持续发展与转型升级。互联网正在重塑传统产业，推动信息通信技术与传统产业的全面融合。在广度上，“互联网+”正以信息通信业为基点全面应用于第三产业，形成了如互联网金融、互联网交通、互联网教育等新业态，并正向第一产业和第二产业渗透。在深度上，“互联网+”正在从信息传输逐渐渗透到销售、运营和制造等多个产业链环节，并将互联网进一步延伸，通过物联网把传感器、控制器、机器和人连接在一起，形成人与物、物与物的全面连接，促进产业链的开放融合，将工业时代的规模生产转向满足个性化需求的新型生产模式。

奇虎360董事长周鸿祎认为，“互联网+”就是各行各业和互联网一起发生的一场化学反应。把氢气和氧气混在一起，它们还是两种气体，但是一旦它们产生了化学反应，就能变成水，这就是本质的变化。“互联网+”不是传统行业和互联网的简单结合，而是利用互联网对所有行业的再造，产生新的商业模式。

联想集团总裁杨元庆认为，“互联网+”就是全民互联网和全产业互联网。过去我们关注的互联网，仅仅只是关注那些互联网企业，关注互联网企业所带来的那些虚拟的产品和服务。而“互联网+”要求未来各行各业都要用互联网来改造和升级。如若你不改造自己的话，你就会被改造。

中国移动互联网产业联盟秘书长、移动生产力丛书主编李易认为，李克强总理的重要讲话标志着中国社会全面进入互联网的时代已经来临，互联网已经不再只是单纯的技术、模式以及产业，互联网已经上升为思维方式以及国家战略，“互联网+”正在成为新常态。这其实也印证了移动生产力丛书宏观篇《移动的力量》中所展望的那样，移动互联网将成就人类有史以来最强大的先进生产力。因此，某种程度上讲“互联网+”=“移动生产力”。另外，作为国家战略级别的行动计划，“互联网+”行动计划将是今后各级政府和业界共同前进的路标，不仅要推动移动互联网、云计算、大数据、物联网等与现代制造业结合，促进电子商务、工业互联网和互联网金融健康发展，引导互联网企业拓展国际市场，最后还要实现大众创业、万众创新。

易观国际董事长于扬认为，互联网是类似于水电一样的工具和基础设施。“互联网+”是信息革命的一个重要表征，本质是互联网化。“互联网+”意味着互联网与传统行业深度融合。互联网没有创造新的需求，而是能够打通线上线下、构建能量巨大的平台，让所有的产品有温度感，能够把商业模式做到极致。所以“互联网+”的本质是行业，所有的产品和服务，要回到行业本身。

阿里巴巴移动事业群总裁俞永福在《“互联网+”的本质是

重构供需》中认为，看一个项目是不是真正的“互联网+”，关键是看原有的非互联网业务在与互联网连接后有无产生质变，并且这种质变不是提升效率，而是体现在供需重构上。前者只是“+互联网”，是物理叠加，在于改善存量；后者才是“互联网+”，化学反应后创造增量。“+互联网”的价值是利用互联网技术打破原有业务中的信息不对称环节，从而实现效率重建。具体来说，过去我们受限于时间、地点、流程等信息不透明导致的高成本，“+互联网”以后就能实现在线化（24小时接入）、规模化（一点接入，全球覆盖）、去渠道化（减少流通成本）。“互联网+”则真正做到了的供需重构。非互联网与互联网跨界融合后，不只是改善了效率，而是在供给和需求两端都产生了增量，从而建立了新的流程和模式：供给端是“点石成金”，将原本的闲散资源充分利用；需求端则是“无中生有”，创造了原本不存在的使用消费场景。两者结合，其实就是我们常说的“共享经济”。“互联网+”真正把创业的广度扩展到了三百六十行，因为互联网和非互联网的跨界融合，能够创造出更多原有模式之外的变量。未来随着互联网和非互联网融合的进一步加深，可能没有必要再区分互联网和非互联网了，所有行业最终都可以统称为“互联网+”行业。

优米网创始人王利芬从创业角度提出了她对“互联网+”的看法，认为“互联网+”不是简单的加减乘除，而要加上创业者思想的变革，用加号改变认知，让每一位前线工作人员都成为决策者。

华泰证券在其“互联网+”研究报告《重构的三次方，我们迎来最好的时代》中表示，“互联网+”首次出现在政府工作报告中，让A股市场的互联网概念股持续飙升。一场名为“互联网+”的风潮正席卷产业及资本，犹如一针兴奋剂，打在了每一个创业者和投资者身上。互联网正在重构，重构的不仅仅是商业模式、资本流向和估值方法，更是人心，这是重构的三次方，将重构出互联网波澜壮阔的大时代。

中国工程院院士、中国互联网协会理事长邬贺铨在《从互联网到“互联网+”》一文中指出，“互联网+”是互联网功能的增强和应用的拓展。互联网的应用从面向网民个体向面向企业拓展，在从消费互联网跃升到产业互联网，可以说“互联网+”是互联网技术演进和互联网化深入的新阶段。发展生产力、提升竞争力是“互联网+”行动的目的，但还应有更高的追求，“互联网+”应成为大众创业、万众创新和增加公共产品、公共服务“双引擎”的平台和动力，以互联网的开放、包容、群智、创新的思维改革生产关系，营造有利于经济、社会发展的体制和机制，通过一个又一个产业的互联网化，引爆发展模式的变革与潜力的释放，提升核心竞争力，保证长期可持续发展，这应该是“互联网+”行动计划的使命。

北京邮电大学教授、中国信息经济学会常务副理事长吕廷杰指出，所谓的“互联网+”，就是互联网去拥抱实体经济，从消费互联网向产业互联网、工业互联网渗透。

中国社科院信息化研究中心秘书长姜奇平在《“互联网+”背后的文章》中指出，“互联网+”实际上是“互联网+X”，X就是指各行各业，尤其是指工业化下的各行各业。“互联网+”的实际结果将是X的绝对值不仅不会下降，反而会上升（只是X占全局的比例在不断下降）。例如，工业革命后，农业产值和产量不仅没有减少，而且还在大幅上升是一个道理，这是新陈代谢的规律。“互联网+X”，将让X的饭碗比现在更大，这是一场增量改革。姜奇平还认为，“互联网+”这个提法，比德国、美国的提法更到位。因为在中国的工业化基本完成的历史阶段，新趋势的重心不在工业，而在互联网。“互联网+”这个提法，具有主导、引领、带动意味，互联网与工业化，是车头与车厢的关系。

中国科学院大学管理学院教授、网络经济与知识管理国家研究中心主任吕本富在《“互联网+”到底是什么涵义》中指出，“互联网+”不应只是简单的物理反应，而是要产生化学反应，互联网对传统制造业、服务业、金融业等进行要素重组，这才是真正的“互联网+”。中国的“互联网+”一定是从消费者出发，把消费者的行为规律重新挖掘。和其他国家不同的是，我们把人口红利发挥在了互联网上，人口红利是“互联网+”的一个中国导线，我们开拓了另外一个有计划的、工业化的源泉，即把用户的行为集中从而拿到定价权，再反过来重组产业链，这在历史上是没有的。互联网公司通过掌握用户的核心数据来挖掘用户的行为规律完全是市场行为，等于拿到了另外一个定价权，这个定价权堪称中国特色。

中国信息经济学会理事长杨培芳认为，美国提出的“工业互联网”，德国提出的“工业4.0”，我国提出的“互联网+”，实际上都是互联网已经让传统的生产领域蠢蠢欲动。只有在新的政策环境和理论指导下，才可能会出现更多的平台助力互联网，从商业渗透到物流，再渗透到金融，甚至渗透到制造业和生产领域中。

“中国要强，农业必须强。”农业是扩内需调结构的重要领域，更是安天下稳民心的产业。与“互联网+”相伴而行，农业能否找到新方向、迈入新境地？易观商业解决方案高级合伙人、西区总经理张耀文接受新华信息化专访时，围绕“互联网+”在促进农业发展中所发挥的巨大作用，当前我国农业信息化现况、农业拥抱“互联网+”所面临的难题、“互联网+”

在农业领域的先期突破口等话题进行了多角度分析和梳理。他建议，政府、社会、企业应多方协力，助推“互联网+农业”切实落地。

张耀文表示，“互联网+”行动计划将对农业发展产生积极影响，具体表现在解决信息不对称、创新商业模式、优化资源配置、提高农业智能化程度等方面。

谈到当前我国农业信息化整体状况时，张耀文客观分析后认为，我国农业信息化基础虽有明显改善，但打通信息传递“最后一公里”还需要加大投入；农业信息应用总体水平仍然偏低，需要加强。

张耀文认为，“互联网+农业”先期突破口可在两个方向上发力：龙头企业、明星企业带动区域乃至行业发展；政府公共服务部门向农村居民加强互联网的普及。

为了促进“互联网+农业”切实落地，张耀文建议，政府层面要多搭台、企业层面要多参与、社会层面要多培育，只有多方协力，才能把事办好。

第三节　为何是“互联网+”而不是“+互联网”

互联网时代，信息爆炸式增长、病毒式扩散、在互联网商业模式的冲击之下，传统企业纷纷寻求“互联网转型”。各领域的企业家均患上焦虑症：万科董事局主席王石担忧“下一个倒台的就是万科”，腾讯的马化腾说“越来越看不懂年轻人的喜好”，阿里巴巴的马云称“现在是阿里最危险的时刻”，百度的李彦宏担心“百度有没有应对目前不确定性环境的机制”，小米科技董事长雷军坦言“我们压力很大”，新东方董事长俞敏洪强调“新东方要更换发展基因”……

完全的不确定性，只会恐慌；只有确定性之下的不确定性，才会导致焦虑。从产品创新、技术迭代、传播模式、人才结构、资本募集乃至组织体系，互联网的冲击是根本性的、观念性的以及系统性的。互联网是共性和基础，必须要用信息化的手段和互联网思维再造企业，这是确定的；但不确定的是，哪些企业需要互联网化，企业如何实现互联网化。

为了回答以上问题，消除企业家的焦虑和恐慌，在 2015 年召开的两会上，李克强总理在政府工报告中提出要制定“互联网＋”行动计划，推动移动互联网、云计算、大数据、物联网等与现代制造业结合，促进电子商务、工业互联网和互联网金融健康发展，引导互联网企业拓展国际市场。“互联网＋”行动计划就是要推动互联网和传统行业的融合。

无疑，互联网正在成为我国经济转型升级的新引擎。但同样是互联网和传统行业的融合，为什么是“互联网＋”而不是“＋互联网”？

尽管广义上而言，不论是互联网＋传统产业，还是传统产业＋互联网，似乎都可以用“互联网＋”来统称，最终目的都是促进全产业升级进而带动社会升级；但“互联网＋”与“＋互联网”还是大有不同的。从语法上看，两者的区别在于前者互联网是主语，后者互联网是宾语，主语代表主体，而宾语则是动作行为的对象。这其中既有基因的不同，也有主导权的差别。“互联网＋”突出的是互联网对传统行业的改造，助力其带来创新和升级。而“＋互联网”则指的是其他行业使用互联网技术，可以只是生成一个应用，或是构建一个新渠道，互联网在生产要素分配中的优化和继承作用并没有得到充分发挥，难以带来本质性的创新和变革。

事实上，有关“互联网+”还是“+互联网”的讨论早已展开。几年前，当互联网和金融行业撞出火花，手机支付应用开始兴起，余额宝、百度理财等“宝宝类”产品开始出现，业界就对究竟是“互联网+金融”还是“金融+互联网”展开了讨论。一种观点认为，互联网和金融行业的融合，应该定义为“互联网金融”，互联网将推动金融业务创新，为整个金融行业带来变革；另一种观点则认为，金融行业具有一定的特殊性，考虑到监管和安全，应该定义为“金融互联网”，互联网仅仅只是金融业务开展的工具和新渠道。

时至今日，这种讨论已经逐渐停止。就目前来看，“互联网+”的说法处于攻势，而“+互联网”处于守势。传统企业探求互联网转型的速度慢得不只一点半点，无论是技术、人才，还是体制及运营管理都与互联网企业有很大的区别，尤其是传统企业的体制问题是根深蒂固的，很难通过简单的架构调整就能改变。反观通过互联网模式来倒逼传统企业的模式，迫使传统企业转型，这个方针与路线落实后的结果比企业自身的探索要快很多。比如“互联网+理财”的余额宝，胜于“理财+互联网”的银行理财产品；“互联网+零售”的阿里和京东，胜于“零售+互联网”的国美和苏宁；“互联网+家电”的小米和乐视，胜于“家电+互联网”的海尔和长虹。

如今“互联网+”行动计划被写入政府工作报告，表明“互联网+”正在成为一种新的经济形态，其本质上是发挥互联网在生产要素分配中的优化和继承作用，提升实体经济的创新力和生产力。当前，互联网正在加速与传统行业融合，“互联网+零售”、“互联网+金融”的创新成果已经显现，而“互联网+农业”以及“互联网+工业”等新的“碰撞”正在进行。如果说，原来互联网技术主要是在第三产业中应用，那么现在的互联网正在开始影响第二产业甚至第一产业。互联网＋传统行业正在产生出全新的平台、产业和生态。就好像第二次工业革命中，电力让很多行业发生翻天覆地的变化一样，当今的互联网也必将会成为一种前所未有的生产力工具。

第四节　互联网＋现代农业让农民增收得利

互联网正与传统农业结合得更加紧密，由互联网技术带动的农业升级、农民生活改善，正在为越来越多年轻人打开创业的新空间。“互联网＋农业”概念的提出，将给农业带来一场新的变革。“互联网＋农业”模式主要以互联网技术为支撑，将信息技术进行综合集成，集感知、传输、控制、作业为一体，将农业的标准化、规范化大大向前推进了一步，不仅节省了人力成本，也提高了品质控制能力，增强了自然风险抗击能力。毋庸置疑，互联网与农业的结合将会打破传统农业的困局，为农业带来崭新的出路，引领农民走向致富之路。

一、从传统农业到现代的转型的必然性

农业现在正经历着由传统农业向都市农业、智慧农业的转变，现代农业的核心是科学化，特征是商品化，方向是集约化，目标是产业化。它所表现出来的特点，是与传统农业相对而言的。

（1）现代农业突破了传统农业主要从事初级农产品原料生产的局限性，实现了种养加、产供销、贸工农一体化生产，并十分重视资源的合理利用和生态环境建设，农业的内涵得到了拓宽和延伸，农业的链条通过延伸更加完整，农业的领域通过拓宽，使得农工商的结合更加紧密。

（2）现代农业突破了传统农业远离城市或城乡界限明显的局限性，实现了城乡经济社会一元化发展、城市发展有赖于农村的支撑，农村发展有赖于城市的支持，城乡统筹进行资源的优势互补，有利于城乡生产要素的合理流动和组合。

（3）现代农业突破了传统农业部门分割、管理交叉、服务落后的局限性，实现了按照市场经济体制和农村生产力发展要求，建立一个全方位的、权责一致、上下贯通的农业管理和服务体系。

（4）现代农业突破了传统农业封闭低效、自给半自给的局限性，发挥资源优势和区位优势，实现了农产品优势区域布局、农产品贸易国内外流通，有利于资源的开发利用、生态环境的综合治理、先进科学技术的推广应用、优质农产品标准化生产和现代管理手段的运用。

总之，现代农业是传统农业发展的必然，是一次全方位的变革。

二、互联网给农业带来的新出路

解决传统农业问题，仅仅依靠互联网是不够的，但是互联网的出现和互联网技术的发展进步却为传统农业面临的困境提供了一些新的思路与方法，这些行之有效的方法必然会为农业带来不同以往的颠覆。

（一）互联网为农业可持续发展提供新思路

随着互联网的飞速发展，我国的农业信息技术无论在信息传播硬件建设方面，还是在农业信息平台和资源建设方面都取得了较大进展，为实现农业的可持续发展发挥了重要作用。据统计，截至 2010 年年底，我国拥有的涉农网站已达 20 000 多个。另外，国家“863”计划开展了“智能化农业信息技术应用示范工程”、“农业物联网和食品质量安全控制体系研究”等重要研究，还开展了“网络农业”、“精细农业”、“虚拟农业”等的探索研究。在美国、荷兰等发达国家，信息技术在农业上的应用主要包括农业生产经营管理、农业信息获取及处理、农业专家系统、农业系统模拟、农业决策支持系统、农业计算机网络、农业物联网等。随着农业部对农业物联网的重视程度越来越高，各地区也纷纷建立了农业物联网应用示范工程和农业物联网区域试验工程，积极引导和推动科研教学单位和相关企业投身农业物联网的技术研发和应用示范，农业物联网在大田作物、设施园艺、畜禽水产、资源环境监测、农产品质量安全监管等行业和领域呈现蓬勃发展的态势。我国的农业也正朝着信息化、智能化方向转型。

（二）互联网给农产品安全提供新的技术手段

物联网是以互联网为基础，同时通过智能感知、识别技术与普适计算等通信感知技术将物品与互联网连接起来，进行信息交换和通信，以实现智能化识别、定位、跟踪、监控和管理等功能。在美国，80%的大农场已普及农业物联网技术，农场主通过高度自动化的大型农业机械设施，3个人可完成1万英亩的土地管理和玉米收割，效率远远超越人力，借助物联网对作物环境的调节作用，能让粮食蔬菜在质和量上都有所提升，不光高产，而且高质。通过互联网创造透明的供应链体系，从食品领域延伸出来的可追溯系统，是解决食品安全和食品信誉问题的有效工具。通过食品附带的二维码，消费者就可以在手机扫描后看到这个产品的追溯信息，哪里耕种、何时采摘、谁来采摘、包装日期等一应俱全。用互联网技术实现生产过程的全程追溯，再加上质检等权威机构的合作，就可以多方协同创造出真正的透明供应链，让消费者吃得放心。

（三）互联网给农产品销售带来新突破

互联网的发展催生了电子商务，而电子商务可以拉近生产者和消费者之间的距离，使农产品不再因为地域原因而滞销。除此之外，电子商务平台可以让生产者的产品直接送达消费者，省去了中间的经销渠道，也使得产品的小麦黏虫大田危害状销售成本大幅度降低。互联网渠道从根本上改变了生产和销售的关系，更重要的是，营销成本极低，如微博、微信、QQ 及 SNS 等都是免费的销售渠道。任何行业都能够通过互联网直接和消费者建立关系并推销产品。

（四）互联网为农产品品牌树立带来新可能

互联网让品牌的树立变得更加简单，同时也让产品的推广速度更快，能使好的产品有好的口碑，让好的产品有好的销路，让好的产品有更高的认知度。“决不”食品安全工程发起人王义昌说：“决不食品标志，作为互联网 + 农业、移动互联网 + 农业的开拓者和实现工具，不仅要让农产品更酷、更有附加值、卖得更好，更要通过支持消费者直接监督来实现关键的食品安全!”只要用智能手机扫描相应的“决不食品”标志上的二维码，就能立即打开一个页面，关于产品生产的详细信息就会显示出来，甚至可以观看到作物种植的现场环境，这样就会让消费者买得更放心。“三只松鼠”作为一个互联网坚果零食的品牌，成立仅 1 年，营业额就达到 3 亿元，仅 2013 年的“双十一”就销售 3 562万元，是互联网造就了这个奇迹。

（五）互联网为农村创业带来新契机

由互联网技术带动的农业升级、农民生活改善，正在为越来越多年轻人打开创业的新空间。大数据的应用，让农场的管理更像一家工厂。互联网+农业，打开的不仅仅是这些城里娃的想象空间，越来越多的农二代也纷纷选择告别城市回到家乡创业。互联网的普及已成为农村发展的最大契机。

第五节　农业互联网+缔造智慧农业

一、智慧农业

所谓“智慧农业”就是充分应用现代信息技术成果，集成应用计算机与网络技术、物联网技术、音视频技术、3S技术、无线通信技术及专家智慧与知识，实现农业可视化远程诊断、远程控制、灾变预警等智能管理。

“智慧农业”是农业生产的高级阶段，是集新兴的互联网、移动互联网、云计算和物联网技术为一体，依托部署在农业生产现场的各种传感节点（环境温/湿度、土壤水分、二氧化碳、图像等传感器）和无线通信网络实现农业生产环境的智能感知、智能预警、智能决策、智能分析、专家在线指导，为农业生产提供精准化种植、可视化管理、智能化决策。

“智慧农业”广泛应用于农业生产环境监控和食品安全、设施农业、农机定位、仓储管理、食品溯源等方面。例如，物联网技术贯穿生产、加工、流通、消费各环节，实现全过程严格控制，使用户可以迅速了解食品的生产环境和过程，为食品供应链提供完全透明的展现，保证向社会提供优质的放心食品，增强用户对食品安全的信心，并且保障合法经营者的利益，提升可溯源农产品的品牌效应。

“智慧农业”能够显著提高农业生产经营效率，还能够彻底转变农业生产者和消费者的观念及农业组织体系结构。专家系统和信息化终端成为农业生产者的大脑，指导农业生产经营，改变了单纯依靠经验进行农业生产经营的模式。另外，“智慧农业”将迫使小农生产被市场淘汰，并催生出以大规模农业协会为主体的农业组织体系。在许多国家，发展“智慧农业”已成为一种共识。目前，“智慧农业”技术在美国中西部地区和西欧应用最为广泛。

2015 年初，中央“一号文件”再次锁定“三农”，把农业现代化作为“三农”工作的重要着力点，提出要“强化农业科技创新驱动作用”，在“智能农业”领域取得突破。在福建省，以移动信息化为主的物联网设施农业就呈现了良好的发展态势。

2013 年，借势物联网东风，中国移动福建公司与当地农业部门、企业合作，在大棚菌类培养、花卉栽培、茶叶种植等福建特色农业领域，因地制宜开发出多样化的农业传感网系统，“靠天农业”也由此实现了向现代农业的智慧转型。目前，中国移动福建公司与漳州市农业局联手打造的“农业无线传感网系统”，已成为漳州南靖杏鲍菇种植大户们的“种植能手”，由传感器上传的信息为农业局数据库提供了基础参数，这些信息交由农业专家总结、分析，并最终反馈给种植户，从而帮助更多农户进行标准化、规范化生产。

二、智慧大田种植

农业物联网技术在农业生产方面的具体应用十分广泛，在什么时候施肥、要施多少肥料、选用哪种肥料更合适，以及播种、灌溉、除草、防治病虫害、收获等农业环节的确定，都可依靠农业物联网技术实现，不劳累而且精确度高。

农业大田种植是遥感技术的主要应用。我国是农业大国，提高农业管理水平、合理利用资源及确保粮食安全生产均需要遥感技术为政府决策部门提供准确信息。遥感技术可应用于农作物实际播种面积的遥感监测与估算、农作物的长势与产量的遥感监测与估算等方面。

黑龙江七星农场："云数据"改变大田种植

2011年起，黑龙江农垦建三江管理局七星农场开展了基于物联网技术的水稻智能化秧田管理技术应用示范，借助"云数据"中心，建立了水稻智能育秧、水稻智能化灌溉、农机自动导航等六大系统，实现了大田作物全生育期动态监测预警和生产调度，为农业信息化探路。

正值水稻田间管理的高峰期，在七星农场寒地水稻高科技信息化园区可以看到，稻田缺水了不需要人工操作，安装在田间的水位传感器会自动监测水层深度，通过无线传输设备将采集的数据实时传输给智能灌溉控制系统；系统诊断后，发出的决策指令传输到田间的灌溉控制装置，晒水池内的水就会自动灌入稻田。反之，稻田的水多了，会按照指令自动抽回晒水池。这是七星农场迈进水稻生产"云时代"的一个缩影。

七星农场通过探讨寒地水稻生产信息化的模式和技术规程，综合运用全球卫星定位技术、遥感技术、地理信息技术、智能化农机装备、作物生产智能管理系统等，实现了生产管理的定量化、精确化。

物联网技术提高了水稻育秧的田间管理水平，有利于培育壮苗，为取得水稻高产打下了基础。农户通过智能手机终端就可以远程实时控制大棚卷通风及微喷浇水，不但节约了水资源，减少了由于大量排水造成的养肥浪费，而且保护了农业生态环境，实现了水稻灌溉的精量化和科学化，有利于农业的可持续发展，对现代化大农业发展具有较强的示范和引领作用。

物联网技术提高了农户指导服务的针对性和实效性，实现了远程专家诊断服务。农户可以远程与专家进行视频互动交流。同时，可以通过互联网，及时发布病虫草害发生趋势及防控措施等信息，提高病虫害防治的针对性和时效性，为农业生产筑起了一道抵御自然灾害和风险的屏障。

三、智慧畜禽养殖

民以食为天，食以安为先。RFID、条形码等物联网感知技术在追溯体系起着重要和不可替代的作用。智慧畜牧以管理规范和先进技术为复合手段，全程改造健康养殖、安全屠宰、放心流通和绿色消费 4 个基础作业环节，集成体现科学调控、集约管理思想的企业经营管理与市场保供决策支持系统提供政企联动可追溯的示范模式。

2008 年开始，动物疫病不断增加，疫苗难防问题日益严重，环境安全型畜禽舍的建设成了集约化畜牧业的建设重点。

为利用现代化高科技发展畜牧业，渭南市目前已完成了百余家养殖场（户）的“智慧畜牧”信息服务体系试点工作，为养殖户在发展养殖方面打造畜牧业综合信息服务“云平台”，提供高科技技术。“智慧畜牧”是通过互联网共享信息资源、信息技术，以养殖全程实时监控、对养殖户远程培训、进行远程疾病诊疗和畜牧网上服务超市等为主要内容的畜牧业信息服务新模式。“智慧畜牧”重点解决现代畜牧业发展过程中存在的养殖户专业化程度低、技术培训和推广难度大、畜牧商品交易信息闭塞、畜产品质量监管难等问题。渭南全市的“智慧畜牧”平台完善后，还将开发食品安全追溯系统、信息化防疫系统、畜牧网上超市等内容。

宁波市通过开发建设宁波市“智慧畜牧业”系统平台进行了有益的应用实践。该平台涉及面广、内容丰富，是一个集全市饲料兽药生产经营、动物诊疗、畜禽养殖生产（免疫、投入品使用、无害化处理、产地检疫、屠宰检疫和动物疫情应急指挥）等信息采集、分析、预警的综合性、多功能应用平台。整个平台围绕动物及动物产品质量安全的有效追溯这条主线，实现畜禽从养殖生产→防疫→检疫→屠宰→流通→消费等环节一环扣一环的实时信息化监管与服务。

四、智慧水产养殖

水产养殖业是一项有特色、有活力、有潜力的基础产业，必须充分利用互联网信息技术促进我国水产养殖业从粗放型经营向集约型经营、智能化经营的转变。

随着水产养殖规模的迅猛发展，水产养殖模式必然向设施化、集约化转变。大规模、高密度的集约化养殖使得管理、控制的难度增大，必须采用现代信息技术手段来提高集约化水产养殖的水平。通过采用信息融合及处理、智能控制、质量安全追溯等技术进行整合，构建水产养殖全程智能控制平台，实现养殖生态、病害防治、精细饲喂、质量安全追溯等信息实时发布，提高疾病预防水平，减少养殖风险，降低养殖成本。

五、智慧农产品物流

与传统工业产品物流相比，农产品物流有四个显著特点。第一，农产品易腐，商品寿命期短，保鲜保活困难，要求物流速度快且最好是冷链物流；第二，农产品单位价值较小，数量和品种较多，物流成本相对较高；第三，农产品品质具有差异性，对产品分类技术标准有不同要求，因而，农产品物流一般都存在对农产品进行初步分拣、加工和包装等环节；第四，农产品物流中损耗多，价格波动幅度大，对物流储存设施有比较高的要求。

发展农产品现代物流，可以降低农业生产和农产品流通过程中的物流成本，提高农产品流通速度，减少农产品在运输过程中的损耗，降低和杜绝农产品公共安全事件的出现，增加农民收入，有效调控农产品市场价格，保障城市居民“菜篮子”正常供应。目前发展农产品现代物流的重要举措是创新农产品物流的运行模式，进一步加强现代农产品物流的信息体系建设，推进产销衔接，减少流通环节，降低流通成本。

在智慧物流呼声愈来愈强，物流行业信息化不断加快的今天，物流行业正加快应用智慧物流理念，为各行业的快速发展起到带动和铺垫作用而发力。目前，在成都、佛山已有基于智慧物流理念的物流信息平台先后建成，发展农产品现代物流的大环境已经诞生。

山东寿光是著名的“蔬菜之乡”，是全国最大的蔬菜供应基地，其交通运输通畅水平直接影响着全国特别是北京等大中城市的蔬菜供应。寿光市交通指挥中心由寿光物流网、CTI 多媒体呼叫中心、GPS 卫星定位系统组成，山东移动为交通物流公共信息平台提供了包括互联网专线、语音专线、车务通及“移动400”等技术支撑。指挥中心通过该平台能够把寿光市的多家物流企业、700 多家配货站、300 多辆出租车、200 多辆城乡公交车、10 000多辆货运车整合到平台上，为车辆提供定位、监控、调度等多种服务。寿光市交通物流公共信息平台“车务通”可监控车辆的运行轨迹、运行速度、乘员情况、所在位置、车辆运行间隔距离等运行状态，能够快速查找、调度目标地点周边车辆，大大提高了车辆的运行效率和安全性。

六、农产品全产业链可追溯

在农产品的质量安全问题上，互联网也体现出了它的强大作用，农产品质量安全监测与可追溯体系正是将互联网信息技术运用到农业上的具体体现，为保障农产品的绿色安全提供了现代化的信息技术支撑。实施农产品可追溯成为农产品国际贸易发展的趋势之一。在国际上，美国、欧盟等发达国家和地区要求出口到当地的部分食品必须具备可追溯性。近年来，农业部作为主管部门，一直在采取各种方式、各种途径推进农产品质量追溯体系建设。

在“从农田到餐桌”的农产品安全全程监管体系中，第一个环节就是种养殖环节的监测，做好第一步，可以实现从源头保证农产品的质量安全。环境监测指标一般针对土壤、空气和水源，其中土壤中影响农产品质量安全的主要是施用的农药、化肥造成的污染，空气温/湿度的监测可以保证农产品生长条件、改善农产品品质。随着各级政府对农产品质量安全问题的行政监督管理的开展，一方面行政执法、质量安全监测依赖于传统技术（专业监测设备），另一面迫切需要信息化平台的支持，实现“生产—市场—消费”一站式的现代数字化监控。

山东潍坊寿光“大棚管家”让种菜更智能

传统种植过程中对温/湿度等的监控都只能依靠人力，进入温室大棚中看温/湿度计，如果是很多的大棚则会又费时又费力。现在，得益于农业信息化的发展，各种信息化的手段让农民可以从辛劳中解放出来，大棚环境监控系统的成功开发带来了巨大改变。

潍坊寿光是著名的“蔬菜之乡”，中国最主要的蔬菜产地之一，蔬菜播种面积80万亩，蔬菜年产量40亿公斤，产值40亿元，中国（寿光）国际蔬菜科技博览会已经连续举办了11届。工业和信息化部信息化推进司副司长秦海在实地考察了“大棚管家”应用后指出，要加大力度务实基础、创新方式，进一步在农村推广应用现代化信息新技术。据了解，作为农业科技创新的重要组成部分，山东移动已在全省大力推广农业物联网应用，助推现代农业发展，促进农业增产、农民增收。近年来，山东移动充分发挥移动通信的“实时性、个性化、交互性、广泛性”优势，积极推进物联网技术在农业领域的应用，推出了“大棚管家”等智能农业管理平台，在手机上能查看到大棚内的温度、湿度、光照等各种数据，使农民能根据数据对大棚进行管理，还能实现自动施肥灌水、自动卷帘、二氧化碳自动释放等，实现了科学化种植，帮助农民实现专业化、精准化的农业生产管理，助力传统农业向现代农业转变。有了这个“大棚管家”，什么时候通风、什么时候灌水都不用农民操心了，不仅能节约用水、用药和化肥，提高蔬菜质量，而且菜农的劳动强度也大大减轻了。

“大棚管家”智能农业管理系统由无线传感器、远程控制终端和信息管理平台组成，具有高度集成、体积小、功能全等优势。通过在大棚内安装传感器，可实时采集大棚内的空气温度和湿度、棚外风速等数据；远程控制终端接收、显示并汇总这些数据，并通过移动网络传到信息管理平台；信息管理平台分析数据，给出相应的农业生产建议，以短信形式发送到农民的手机上；该系统还具备远程诊断功能，农民将有病虫害特征的农作物拿到远程控制终端上的摄像头下进行拍摄后，通过移动网络自动传到信息管理平台，后台专家将提供防治建议，并以电话或短信的形式与农户进行沟通交流，给予相应指导；系统可与大棚现有遮阳网、风机、加湿天窗等设备对接，利用手机远程控制，坐在家里就能实现大棚自动遮阳降温、自动通风、自动加湿等功能。有了大棚管家，农户可以通过手机监测蔬菜大棚的运行，及时对大棚内的温度、湿度等指标进行调整，从而使农作物始终处在最佳的生长环境之中。

不仅如此，“大棚管家”系统还能根据专家或菜农提前设定的农作物温/湿度指标，对温/湿度进行预警。当大棚内的温/湿度超过或低于设定的标准值时，系统会自动给菜农发送手机告警短信，并提醒菜农进行大棚通风、降温或保暖等措施。“大棚管家”的信息管理平台每天还会早晚两次根据菜农种植的蔬菜种类给予相应的种植建议，以短信的形式发送到菜农的手机上。目前寿光已经有 150 个大棚安装了山东移动的“大棚管家”。

肉类、蔬菜流通追溯体系建设是商务部的“一号工程”，是为解决肉类、蔬菜流通来源追溯难、去向查证难等问题，进一步提高肉菜流通的组织化、信息化水平，增强我国肉类、蔬菜质量安全和供应保障能力而在全国开展的试点工程，目前已经分 5 批将近 60 个城市作为试点城市展开建设工程。消费者可凭小票的追溯码，通过网络、电话、手机和查询机等多种方式，依次查找到肉菜的零售商、批发商、屠宰企业、肉菜来源地等信息；肉菜食品安全问题发生时，监管部门可以通过市级管理平台，在第一时间锁定源头、追踪流向、依法处置，实现“来源可追溯、去向可查证、责任可追究”的目标。

第六节　“互联网＋”新手段解决劳动力不足问题

社会发展的各个要素中，劳动力是其中最重要的一项。没有了人，什么事情也办不成。

一、农村劳动力急剧减少严重制约农村发展

在农村有这样一个说法，现在农村剩下的都是“三八六一九九部队”，这个说法的意思是农村的人口主要构成是“妇女、儿童和老人”，农村真正需要的青壮年劳动力，但其占的比例相当少。劳动力的减少在许多地方造成了无人种田、田地抛荒的后果，俗话说“无农不稳”，这个现象对我国的稳定发展带来了隐患。

造成这个现象的主要原因有如下几点。

（一）计划生育国策的长期推行，改变了我国人口构成

随着我国计划生育政策的推行，人口迅猛增长的势头得到了遏制，30 多年前开始推行的计划生育政策减少了当时的新出生人口，其结果就是表现在今天 30 岁的青壮年劳动力的减少。

（二）医疗和生活水平提高延长了人均寿命

随着我国经济实力的改善，对农村扶持政策也越来越多，过去“有单位”的人看病才能报销，农村人看病只能自费，加上看病贵、看病难，过去很多农民得了大病只能在家里等死，现在有了“农村合作医疗”，农民看病的大部分费用也能报销，农村的人均寿命也大大延长，农村人口的老龄化问题也变得日益突出。

（三）新一代的年轻人不愿意在农村从事艰苦劳动

计划生育政策使得每家每户只有一个或两个孩子，父母在教育的过程中或多或少比过去要“娇生惯养”一些，他们常常希望自己的孩子能够“跳农门”，不再从事繁重的农村劳动。这些孩子在成年以后或考上大学或进城打工，几乎很少有愿意回

到农村继续务农，毕竟在大城市从事体力劳动的收入也不算少。相比农村“脸朝黄土背朝天”的劳动状况，大城市工作的劳动强度、劳动条件对年轻人的吸引力更大一些。

（四）城乡之间的差别使人们更愿意留在城市

城市里的生活环境、教育水平、发展机会、医疗水平等是农村无法比拟的，许多农村出来的父母宁可自己吃苦受累，但是，为了孩子的教育也要留在城市。刚走上社会的年轻人也认为城市里发展的机会更多，即使目前收入少，条件艰苦，他们也不愿回到农村。

（五）人均土地面积太少，收入很难提高

我国人口众多，人均土地面积很少，每家每户的生产规模都比较小，这样直接增加了农田的单位面积的生产成本，而且即使精耕细作，搞特种种养殖，单位面积的农田收入再高，但是总面积不多，农民最后获得总收入也不会多。农民总收入不增加直接影响农民从事农业生产的积极性。

二、提高农业机械化水平是解决农村劳动力短缺一条出路

（一）农业机械化是农业现代化的重要标志

近年来，党中央、国务院高度重视农业机械化发展，把农业机械化作为发展农村经济、增加农民收入的重要支撑，列入了国民经济和社会发展的重要内容。每年的中央“一号文件”，都把农业机械化作为加强农业基础设施建设、加快现代农业发展、促进农民增收的重要内容，提出了重要的指导意见。为促进农业机械化发展，全国人大颁布实施了《中华人民共和国农业机械化促进法》，国家自2004年起连续实施了农机购置补贴政策，特别是国务院2010年专门下发了《关于促进农业机械化

和农机工业又好又快发展的意见》，出台了许多有含金量的政策规定和扶持措施，有力促进了我国农机化事业的持续稳定发展。

（二）土地流转政策的出台，使得农业机械化有了施展的舞台

2004年，国务院颁布《关于深化改革严格土地管理的决定》，其中关于"农民集体所有建设用地使用权可以依法流转"的规定，强调"在符合规划的前提下，村庄、集镇、建制镇中的农民集体所有建设用地使用权可以依法流转。"

2014年，中共中央办公厅、国务院办公厅印发了《关于引导农村土地经营权有序流转发展农业适度规模经营的意见》，并发出通知，要求各地区各部门结合实际认真贯彻执行；要求大力发展土地流转和适度规模经营，五年内完成承包经营权确权。在农村一些有眼光有见识的农民为了增加收入和更大施展能力的空间，纷纷开展了土地流转工作，将其他人不愿意耕种的土地流转到自己手中，将零碎地块整合成连片的良田。这种趋势给农业机械化提供了较好的拓展空间。

农业机械化在我国发展势头不错，但是想得到更广泛的推广，还需解决以下3个问题。

1. 农业机械购买成本高

虽然国家给农民提供不少的农机补贴，但是一台普通的农业机械动辄几千几万的价格，小家小户的农民购买起来压力还是不小。

2. 农业机械利用率不高

目前在我国虽然推行了土地流转政策，但大多数家庭农场的土地并不算多，一般只有几百亩土地，而农业机械一般功能单一，在某一季节完成某项工作以后，其他的时间基本都是

空闲。

3. 农机使用维护对技术要求高

农业机械种类多，操作起来复杂，每个农民去一一学习掌握每种农机的使用维护技术不太现实，但是，如果使用维护不当又会增加故障率，大大增加使用成本，得不偿失。

三、利用“互联网+”思维颠覆服务模式

什么是“互联网+”思维，我们先看一个例子：2014 年开始，几种打车软件在大城市中激烈竞争，吸引不少市民的眼球，不少市民在使用过这些打车软件以后都赞不绝口。这些打车软件给这些城市的出行带来了可以说是翻天覆地的变化。以武汉市为例，过去武汉经常堵车，出租车牌照过少，在武汉打出租车非常困难，在一些热门地段或者高峰时段打车花半小时是常事，这也造成了一些出租车司机的挑客拣客、拼车、拒载等一系列问题，武汉市出租车司机态度差已经成了公愤。不少群众不得已转向乘坐“黑车”出行，而黑车的服务态度和安全性显然得不到保证。

自从“滴滴快车”等互联网打车软件上线以后，这种情况发生了极大的改变，市民出行之前只要发布自己的出行路线，一般在10 秒内就会有附近的司机接单，在2，3 分钟内可以赶来接您，而且不用直接和司机现金交易，而是通过平台转账给司机，而且乘客在上车前就大致了解自己的车费多少，这种做法避免了宰客现象的发生。在服务态度上，这些快车司机也非常好，都会主动帮顾客提行李。这些改变使得武汉市的市民出行很多都转向了使用“滴滴快车”，武汉市出租车的生意大受影响，以至于引发了2015 年 8 月 10 日的“出租车慢行武汉”的

游行示威事件。

“滴滴快车”给市民出行带来的方便是不言而喻的，现在我们来分析一下这种“互联网+”下的打车模式有什么特点。

（一）“互联网+”使信息交流更便捷

在“滴滴打车”软件出现以前，也有通过电话叫车、电台叫车等发布用车信息的方式，这种信息发布方式周转时间长，根本不适合打车这种时效性要求极高的应用场景，而有了互联网特别是移动互联网以后，乘客发布的信息可以清晰完整的群发到许多司机的手机中，可以更快实现资源提供者和资源需求者之间联系的建立。而且互联网传递的信息量比其他通信方式更大，例如乘客的上车地点的信息可以通过地图展现，比过去口头表述提高了不少的效率。乘客也可以在上车前知道自己要乘坐车的车号和车型。

（二）“互联网+”的大数据和云计算辅助我们进行决策

在“滴滴打车”软件发出叫车请求以后，整个武汉市有几万辆快车可以提供服务，“滴滴打车”平台是如何从中挑选合适的快车供我们服务呢？很显然，让乘客或者司机互相去找到对方不是一个好的方法，因为每天需求服务和提供服务的信息都是海量的，乘客和司机会淹没在这个海量的信息中，太多的车可以选反而变成了无车可以用。所以，“滴滴打车”平台在接受到乘客请求后会根据几项参数在云端进行快速的“云计算”，这个“云计算”是基于一些过去收集的海量数据——大数据。比如地图数据、司机服务的历史数据等。在滴滴快车的司机中有相当多对路线不熟悉，但是这并不影响司机的服务，因为乘客发布的路线起止信息已经通过云服务器快速计算出来，而且这个计算考虑了路程拥堵的实时现状，挑选的是最经济或者最迅速的路程。乘客和司机都不需要去操心中间的路程选择，司机只要按照打车软件司机版的导航指示要求就可以简单地完成服务。

(三)“互联网+”大数据分析建立信用评价体系

我们在武汉市乘坐滴滴快车的过程中发现，许多滴滴快车的司机就是过去的出租车司机或者黑车司机，这些司机过去在开黑车或者出租车时服务态度比较差，为什么开上滴滴快车以后服务态度就大变样了呢？通过和这些司机攀谈了解到，滴滴快车平台在每一次交易完成以后，乘客都可以给司机一个最高5星级的评价，这个好评对司机非常重要，如果一个司机差评较多，打车平台会在以后的拍单中减少该司机接单的概率。严重的甚至会取消他的接单资格，所以，快车司机为了生存在这个平台下，必须努力服务好乘客。

反观过去的出租车，乘客如果有意见，意见即使再大，这个信息也无法得以传播、保留。对司机后续的营运没有任何影响，所以，出租车司机即使态度不好、违规，也没有相应记录和惩处机制，“劣币驱逐良币”，造成了出租车市场的无序混乱。

互联网给了我们一个建立良好有效的信用评价体系建设的手段，好的信用评价体系可以让“良币驱逐劣币”，好人有好报，我们的社会才会越来越美好。

(四)“互联网+”金融创新了支付手段

在滴滴快车服务结束以后，乘客并不需要直接付钱给司机，而是通过网上支付的手段将费用支付给平台，再由平台转交给司机。这种做法避免了司机乱涨价，司机也不需要携带营业款，安全性也高了不少。司机也不用担心乘客赖账，因为乘客不支付费用无法叫到下一次的服务。这种支付手段对交易的双方都起到很好的保障作用。

四、“互联网打车”对农机服务的借鉴

通过上述对“滴滴打车”模式的分析，我们发现该“互联网＋”的思维也可以用于改造我们的农机服务模式。解决我们现有农机服务模式中一些难以解决的问题。

（一）“互联网＋”让资源配置更合理

每家每户的家庭农场或者专业合作社不需要购买农机具，只需要通过手机发布需求，购买服务即可。农机由懂技术的专门的农机合作社甚至农机的生产厂家拥有，并由他们向大家提供服务，农机具由于是专业的人来操作，农机的使用维护到位，不易损坏，降低了维修费用，再加上为所有农户提供服务，农机的使用率更高，平均的使用成本得以大大降低，农机的服务者和被服务者都可以从中受益。

（二）“互联网＋”降低了服务成本和经营风险

农机服务者在接到服务请求后可以合理规划服务顺序，减少农机来回奔波路程，也减少了农机空闲时间，降低了服务的成本。

过去农民和农机服务者常常因为服务质量和服务价格产生纠纷，由于每块地的情况不同，农作物长势不同，服务价格和效果有所区别是很正常的事情，但是，过去由于事先没有沟通好，经常产生纠纷，有时是农机操作手到了田间地头发现操作困难，想临时加价产生纠纷，有时是农机服务没有达到农民的要求产生纠纷，有了移动互联网，农民和操作手之间可以利用图片、视频充分交流沟通，事先把条件、要求讲清楚，这样就大大减少纠纷产生。另外“互联网＋”可以建立评价体系，服

务双方不管哪一方不讲信用，都可以记录在案。农机手如果不讲信用以后接不到活，农户不讲信用以后就没有农机手提供服务。所以，这对于交易的双方都起到了很好的信用约束作用，真正使大家都诚信经营。

第二章　农产品电子商务的内涵

第一节　农产品的概述

一、我国农业发展面临的形势

(一)“三农”问题依然严峻

近年来，中央坚持把“三农”工作作为全党工作的重中之重，不断完善强农惠农政策，加大“三农”投入力度，农业和农村经济克服严重自然灾害和国际金融危机等影响，实现了持续稳定发展。

但是，我国农业现代化滞后于工业化、城镇化的问题相当突出，农村发展滞后、城乡发展不协调越来越成为我国现代化建设的关键制约。

1. 农业发展的基础尚不稳固

农业基础设施薄弱、物质装备水平不高、科技自主创新能力不强、公共服务和社会化服务滞后、组织化程度较低等问题突出，在资源短缺与环境约束加剧、农产品需求刚性增长、国内外传导联动和相互影响日益加深的背景下，保障农产品供求总量平衡、结构平衡、质量安全和生态安全的压力增大。

2. 农村生产要素流失严重

在工业化、城镇化快速发展中存在着耕地占多补少、占优补劣和非农化、非粮化现象；随着农村劳动力大量转移，农村劳动力已进入总量过剩与结构性短缺并存阶段，关键农时缺人手、现代农业发展缺人才、新农村建设缺人力问题凸显；农村资金外流、金融服务供给不足问题依然突出，加快建立城乡要素平等交换和合理补偿机制的要求更加迫切。

3. 促进农民持续较快增收难度增大

农业生产进入高成本阶段，金融危机后农民外出务工增速放缓，城乡居民收入差距扩大的趋势尚未遏制，缩小城乡差距任务艰巨。

（二）农产品“买难卖难”问题依旧突出

2014 年下半年以来，我国多地出现蔬菜、水果滞销，呈现一片“卖难”景象，严重损害了农民利益。但与此同时，消费者在购买果蔬等农产品时，依然遭遇“买贵”，农产品流通“买难卖难”的情况十分突出。

据商务部监测，2013 年我国蔬菜水果市场供需总体平衡。11 月份全国百家批发市场蔬菜交易量同比增长 15.2%，全国 18 种蔬菜平均批发价格每千克 2.99 元，环比上涨 7.6%，同比上涨 10.3%；全国水果批发价格环比上涨 2.9%，同比下降 0.4%。农产品“买难卖难”现象是部分农产品在局部地区发生的滞销现象，农产品价格波幅过大，频率过高，小生产和大市场存在的矛盾是产生这一问题的根本原因。

加入世贸组织 WTO 以后，中国的农产品市场不断开放，一些国外主要的大宗农产品如粮、棉、油，因为价格低、品质优而大量涌入中国，而国内由于人力资源成本的迅猛攀升，主要大宗农产品的生产成本不降反升，大宗农产品的生产成本已经大大高于进口价格。国内的一些农产品生产加工企业不愿意收购国内的农产品进行生产加工，造成了主要农产品的“过剩”，各地纷纷出现了“卖粮难”、“卖棉难”等问题。

以湖北天门为例，棉花几十年来都是该地区的支柱产业，随着中亚地区的优质、低价棉花大量进口我国，加上棉花种植费工费时，成本高昂，农民种棉花严重亏损，湖北天门的棉花种植面积大量减少，当地政府也在积极引导农民调整种植结构，改种其他的作物，如“棉改林”、“棉改蔬”、“棉改果”等。

随着全国各地农产品产业结构调整，各地纷纷弃棉、弃粮，希望改种收入更高的其他经济作物，由于经济作物的消费市场有限，加上各地纷纷上马经济作物，极易造成品种撞车，后果就是“主要农产品的过剩”传导到几乎“所有农产品的过剩”。近一两年我国关于各种农产品过剩的新闻不绝于耳，举例如下：

2015 年 7 月 3 日网易报道：今年，广东省火龙果普遍大丰收，而销售市场的萎缩，冷库储存设备的缺乏及连日来的高温，导致火龙果加速腐烂，每天有上千斤火龙果被倒入鱼塘喂鱼。

2011 年 11 月荆楚网报道：天门张港 6 万亩花椰菜严重滞销，每斤只卖 5 分钱，连种子和肥料钱都收不回。昨日，记者在张港镇看到，成片的花椰菜还长在地里，一些烂掉的菜被抛弃在港渠内。

2011 年 4 月新华网报道：“中牟县去年芹菜收购价在七八毛钱一斤。今年个头匀称的芹菜，一斤仅卖五六分钱。”昨天，中牟县青年路办事处冉庄村村民冉云泰老汉坐在装满芹菜的三轮车上愁眉不展地说。目前，丰收后滞销的芹菜成了中牟县一些种植户的心病：品相好的芹菜一斤只能卖五六分钱，20 斤芹菜只值一个烧饼钱，一些品相差的芹菜则被种植户丢弃到河中或喂鸡鸭。

2015 年网易新闻报道：近日，河南郑州荥阳市近千亩大葱滞销，种植户决定将滞销大葱免费送给市民，不少市民开车来拔葱。据了解，当地一家生态农业公司此前考虑到大葱行情不错，于是种植了1 000亩大葱。谁知今年大葱滞销，到目前只卖出不到100 亩葱，眼看葱快要在地里烂掉，公司决定把剩余的900 余亩葱免费送市民。

2015 年6 月光明网报道：近日陕西多地油桃滞销，由于气候、市场等原因，今年油桃集中上市，价格被一压再压，不少果农因鲜有客商来收购将滞销的油桃倒进村头的河道里。果农王彦朋说，油桃树种植后，第四年才挂果，成本得好几万，今年最多能卖一万多元，辛苦了一整年，连本钱都不够，村里人商量着，把桃树砍了种粮食。陕西多地油桃滞销，仅周至县就超过5 000吨。周至县竹峪镇兰梅塬村是远近闻名的油桃生产基地，这个村子几乎每家都种植油桃树，油桃也是果农们主要的经济来源。

流通环节多、损耗大是导致“买难卖难”的重要原因。据测算，蔬菜从田间到达消费者餐桌一般经过4 ~6 个环节，每增加一个流通环节，成本都将增加，加上各种税收和管理费用，流通成本过高成为“卖难”的一个直接原因。同时，由于冷链物流设施建设滞后，外调蔬菜还面临气候发化、路途拥堵等诸多不可控因素影响，造成大量损耗。

如何避免农产品频陷暴涨暴跌怪圈？如何降低流通成本进而降低菜价？这一系列问题都是困扰我国广大农民和农业相关部门的难题。

二、农产品的特点

农产品本身具有鲜活性、多样性，而其生产又具有很强的季节性、区域性和分散性。“橘生淮南则为橘，生于淮北则为枳”就是这个道理。因此，农产品与其他产品比较起来，其销售也就更加特殊、更加复杂。

（一）利润低

农产品贸易相对于工业品贸易而言，往往利润低，无比较优势可言。

（二）生产小而分散

农产品生产分散在农村千家万户，农产品在集中交易时具有地域性特点，通常采用集市贸易的形式，规模小而分散。特别在我国，农业生产一般建立在集体所有制的基础上，而在具体操作上又是以家庭联产承包经营为主，不可避免地造成土地分割经营，单位面积小。

（三）具有生产资料和生活资料的双重性质

许多农产品既是人们日常生活的必需品和最终消费品，又是农产品加工企业所购买的原材料。

（四）供给具有季节性和周期性

由于农业生产具有季节性，农产品市场的货源随农业生产季节而变动，特别是一些鲜活农产品，如不及时采购和销售，很可能给农户造成经济损失。

（五）农产品保鲜期短

因为农产品具有鲜活的特点，在运输、贮存、销售中会发生腐烂、发霉和病虫害，极易造成损失，所以农产品在销售时要尽量缩短流通时间，妥善保管，降低风险。

三、传统产业实现向电子商务转型

2013 年互联网大会分论坛“传统产业如何转型电子商务”上最受关注的话题之一就是传统产业向电子商务转型，对于这一问题，现场的诸多专家出谋划策，给出了自己的答案，那就是“农产品做电子商务肯定行，产品特色是关键所在。”

（一）物流是农产品电子商务的软肋

目前，针对我国农产品电子商务，没有一个相匹配的有效的社会物流配送系统对农产品的转移提供低成本的、适时的、适量的转移服务，主要问题是配送的成本过高、速度过慢等。据相关调查，农产品电子商务企业真正拥有物流配送体系的很少，像中国大米网（www. chinadami. com）、北大荒农产品电子商务交易平台等大型公司也是与其他物流公司合作进行物流配送或刚刚组建自己的物流系统，还没有形成完善的农产品物流配送体系。由此可见，农产品电子商务物流体系建设亟需推动。

（二）让农民上网促进农产品产业升级

在信息化环境下，信息技术全方位地渗入农产品生产和经营的管理过程中，加速了中国农业产业化进程，提高农业产业化的总体质量，可高质高效地改造传统农业，加速其更新换代和优化升级过程，从而加速传统农业的结构调整和优化升级。农民上网可以促进农业产业化过程中自动化、信息化和高效化的实现，大幅度提高农业的信息化水平和经济效益，使传统高消耗、低效益的农业生产结构向新型低消耗、高效益的生产结构方式转变。粗放型的农业生产模式将会被集约型、技术知识密集型的生产模式所取代，传统的农业生产方式将得到改造，农业生产成本会得以下降，农业生产效率将大幅度提高。

农产品与电子商务的结合，应该采取分三步走的策略：第一步是先让产品上网，第二步是让农民上网，第三步是形成产业。

第二节　农产品、农业、农村移动电子商务的基本概念

一、农产品电子商务的定义

所谓农产品电子商务就是指围绕农村的农产品生产、经营而开展的一系列的电子化的交易和管理活动，包括农业生产的管理、农产品的网络营销、电子支付、物流管理以及客户关系管理等。它是以信息技术和网络系统为支撑，对农产品从生产地到顾客手上进行全方位管理的过程。发展农产品电子商务具有全局性、战略性和前瞻性，与国家建设社会主义新农村的战略相一致。

通过网络平台嫁接各种服务于农村的资源，拓展农村信息服务业务、服务领域，使之兼而成为遍布乡、镇、村的三农信息服务站。作为农产品电子商务平台的实体终端直接扎根于农村，服务于“三农”，真正使“三农”服务落地，使农民成为平台的最大受益者。

农产品电子商务平台配合密集的乡村连锁网点，以数字化、信息化的手段、通过集约化管理、市场化运作、成体系的跨区域跨行业联合，构筑紧凑而有序的商业联合体，降低农村商业成本、扩大农村商业领域、使农民成为平台的最大获利者，使商家获得新的利润增长点。

农产品电子商务服务包含网上农贸市场、数字农家乐、特色旅游、特色经济和招商引资等内容。

1. 网上农贸市场

迅速传递农、林、渔、牧业供求信息，帮助外商出入属地市场，和属地农民开拓国内市场、走向国际市场。进行农产品市场行情和动态快递、商业机会撮合、产品信息发布等内容。

2. 特色旅游

依托当地旅游资源，通过宣传推介来扩大对外知名度和影响力。从而全方位介绍属地旅游线路和旅游特色产品及企业等信息，发展属地旅游经济。

3. 特色经济

通过宣传、介绍各地区的特色经济、特色产业和相关的名优企业、产品等，扩大产品销售通路，加快地区特色经济、名优企业的迅猛发展。

4. 数字农家乐

为属地的农家乐（有地方风情的各种餐饮娱乐设施或单元）提供网上展示和宣传的渠道。通过运用地理信息系统技术，制作全市农家乐分布情况的电子地图，同时采集农家乐基本信息，使其风景、饮食、娱乐等各方面的特色尽在其中，一目了然。既方便城市百姓的出行，又让农家乐获得广泛的客源，实现城市与农村的互动，促进当地农民增收。

5. 招商引资

搭建各级政府部门招商引资平台，介绍政府规划发展的开发区、生产基地、投资环境和招商信息，更好地吸引投资者到各地区进行投资生产经营活动。

尽管农产品电子商务的发展条件日臻成熟，但建立和完善农产品电子商务不是一朝一夕能完成的工程，因此，农产品电子商务发展的道路任重而道远，还需要社会多方的共同努力。

二、农业电子商务的定义

农业电子商务是指利用互联网、计算机、多媒体等现代信息技术，为从事涉农领域的生产经营主体提供在网上完成产品或服务的销售、购买和电子支付等业务交易的过程。农业电子商务是一种全新的商务活动模式，它充分利用互联网的易用性、广域性和互通性，实现了快速可靠的网络化商务信息交流和业务交易。

农业电子商务同样应以农业网站平台为主要载体，为农业电子商务提供服务，或直接服务、完成、实现电子商务，或直接经营商务业务的过程。农业电子商务是一个涉及社会方方面面的系统工程，包括政府、企业、商家、消费者、农民以及认证中心、配送中心、物流中心、金融机构、监管机构等，通过网络将相关要素组织在一起，其中，信息技术扮演着极其重要的基础性角色。在传统社会经济活动过程中，一直就存在两类经济活动形式：一是企业之间的经济活动，一是企业和消费者之间的经济活动。从经济活动来说，无论是企业之间，还是企业与个人之间，只存在两种经济活动内容：一种是提供产品，一种是提供服务。

CMIC 最新发布：在我国，电子商务概念先于电子商务应用与发展，网络和电子商务技术需要不断“拉动”企业的商务需求，进而引导我国电子商务的应用与发展。了解这一不同点是很重要的，这是我国电子商务发展的一大特点，也是理解我国电子商务应用与发展的一把钥匙。

电子商务日益广泛的应用显著拉动了第三产业的发展，创造了大量的就业和创业机会，并在促进中小企业融资模式创新、推进企业转型、建立新型企业信用评价体系等方面发挥了积极的作用。

电子商务具有更广阔的环境：人们不受时间、空间的限制，不受传统购物的诸多限制，可以随时随地在网上交易。在网上这个世界将会变得很小，一个商家可以面对全球的消费者，而一个消费者可以在全球的任何一家商家购物。使用电子商务能够实现更快速的流通和低廉的价格，电子商务减少了商品流通的中间环节，节省了大量的开支，从而也大大降低了商品流通和交易的成本。如今人们越来越追求时尚、讲究个性，注重购物的环境，网上购物，更能体现个性化的购物过程。

我国电子商务发展迅猛。据中国电子商务研究中心报告，2010 年，我国网上零售额规模达 5 131亿元，较 2009 年又翻了一番，约占社会商品零售总额的 3%，B2C、C2C 或其他非主流模式企业数达 15 800家，同比增长 58. 6%，预计 2011 年将突破 2 万家，网上零售用户规模达 1. 58 亿人，个人网店数量达 1 350 万家，同比增长 19. 2%。预计未来两年内，我国网上零售市场将会步入全新台阶，突破 1 万亿元大关，占全社会商品零售总额的 5% 以上。

三、农村移动电子商务的定义

农村移动电子商务是指在建立农村移动电子商务平台的基础上，通过手机终端建立起覆盖“县城大型连锁超市、乡镇规模店、村级农家店”的现代农村流通市场新体系，推进工业品进村、农产品进城、门店资金归集三大应用，实现信息流的有效传递、物流的高效运作、资金流的快捷结算，促进农村经济发展。以农产品进城为例，之前农产品的买方与卖方缺少信息沟通与交易的第三方中介，信息沟通与农产品交易不畅，推广农村移动电子商务后，农产品生产方（农户）与农产品购买方（城区超市）将建立起信息交互新模式，城区超市配送中心通过移动终端向农村门店发出农产品收购需求，农村门店将信息发送到种养、购销大户手机上，确认采购意向后，再与城区超市配送中心确认订单，种养大户将相应农产品供应至农家店，城区超市配送中心在配送工业品的同时收购农产品返回城市。

第三节 农产品电子商务的概述

一、农产品电子商务的内涵和外延

农产品电子商务的实质是将农产品作为电子商务交易的对象，但是，并非所有农产品都适宜进行电子商务交易，因此，需要首先研究农产品电子商务的定义与交易范围。

（一）农产品电子商务的内涵

农产品电子商务是指以农产品生产为中心而发生的一系列电子化交易活动，包括农业生产管理、农产品网络营销、电子支付、物流管理以及客户关系管理等。农产品电子商务以信息技术和全球化网络系统为支撑，将现代商务手段引入农产品生产经营中，保证农产品信息收集与处理的有效畅通，通过农产品物流、电子商务系统的动态策略联盟，建立起适合网络经济的高效能农产品营销体系，实现农产品产供销的全方位管理。

（二）农产品电子商务交易范围的界定

世界贸易组织（WTO）的产品分类将农产品界定为“包括活动物与动物制品、植物产品、油脂及分解产品、食品饮料”。根据《中华人民共和国农产品质量安全法》第二条的规定，农产品是指来源于农业的初级产品，即在农业活动中获得的植物、动物、微生物及其产品。本教材所指农产品主要是可供食用的各种植物、畜牧、渔业产品及其初级加工产品，包括粮食、园艺植物、茶叶、油料植物、药用植物、糖料植物、瓜果蔬菜等植物类农产品；肉类产品、蛋类产品、奶制品、蜂类产品等畜牧类农产品；水生动物、水生植物、水产综合利用初加工产品等渔业类农产品。

二、农产品电子商务的交易特征

农产品电子商务的交易除了具备虚拟化、低成本、高效率、透明化等特点外，还具有一些局限性，如交易受制于产品标准化、物流配送能力、关键技术水平、运营规模、文化与法律障碍等因素。

（一）虚拟化

通过互联网进行的贸易，贸易双方从贸易磋商、签订合同到支付等一系列过程，无须当面进行，均通过互联网完成，整个交易完全虚拟化。对卖方来说，可以到网络管理机构申请域名，制作自己的主页，组织农产品信息上网。而虚拟现实、网上聊天等新技术的发展使买方能够根据自己的需求选择所要购买的农产品，并将信息反馈给卖方。通过信息的推拉互动，签订电子合同，完成交易并进行电子支付。整个交易都在网络这个虚拟的环境中进行。

（二）低成本

电子商务使农产品买卖双方的交易成本大大降低，具体表现在以下几方面。

1. 买、卖双方通过网络进行农产品商务活动，无须中介参与，减少了交易的有关环节。

2. 交易中的各环节发生变化。网络上进行信息传递，相对于原始的信件、电话、传真而言成本降低；卖方可通过互联网络进行产品介绍、宣传，大大节省了传统方式下做广告、发印刷品等宣传费用；互联网使买卖双方即时沟通供需信息，使农产品无库存生产和无库存销售成为可能，库存成本降到极低，甚至实现零库存。

3. 企业通过互联网把公司总部、代理商以及分布在其他地区的子公司、分公司联系在一起，及时对各地市场情况做出反应，即时生产，即时销售，降低存货费用，采用快捷的配送公司提供交货服务，从而降低产品成本。

（三）高效率

由于互联网络将贸易中的商业报文标准化，使商业报文能在世界各地瞬间完成传递与计算机自动处理，原料采购，产品生产、需求与销售，银行汇兑、保险，货物托运及申报等过程无须人员干预，而在最短的时间内完成。传统贸易方式中，用信件、电话和传真传递信息必须有人的参与，且每个环节都要花不少时间。有时由于人员合作和工作时间的问题，会延误传输时间，失去最佳商机。电子商务克服了传统贸易方式费用高、易出错、处理速度慢等缺点，极大地缩短了交易时间，使整个交易非常快捷与方便。

（四）透明化

买卖双方从交易的洽谈、签约到货款的支付、交货通知等整个交易过程都在网络上进行。通畅、快捷的信息传输可以保证各种信息之间互相核对，防止伪造信息的流通。如在典型的许可证 EDI 系统中，由于加强了发证单位和验证单位的通信、核对，假的许可证就不易漏网。海关 EDI 也能帮助杜绝边境的假出口、兜圈子、骗退税等行径。

三、农产品电子商务的局限性

（一）交易成败很大程度上受制于产品标准化和物流配送能力

对农产品进行标准化质量分级是农产品进行电子商务交易的基本前提。现实的市场销售或采购，卖方和买方都能对产品的质量、特性有直接的认识和把握，并据此进行交易。而在网上销售的过程中，买方只有在交易达成并在产品到达之后才能亲眼见到产品。这就需要买卖双方或双方承认的第三方来对农产品进行标准化鉴定，并对成品进行质量分级。

发达的农产品物流配送能够使农产品的生产、运输和深加工过程变得更加方便、快捷。通过统一的组织和协调，众多分散的小农户形成了一个销售团体，从而在农产品交易过程中节约了信息成本、合同谈判成本。通过这样的整合可以实现精确生产和订单生产，降低农户的种植风险，同时可以提高农产品在市场上的竞争力。

（二）受到关键技术水平、运营规模、文化与法律条款的影响

水果和蔬菜之类的农产品不易在网上销售，因为客户总是

希望亲自挑选新鲜商品。对于很多商品和服务来说，实现电子商务的前提是大量的潜在顾客有互联网设备并愿意通过互联网购物。但对于农产品销售来说，拥有强烈的网上购买意愿常常比较困难。如美国网上超市 Peapod 公司虽然经过 10 年的苦心经营，目前，也只能覆盖到 13 个城市。网上超市除了销售区域受到限制外，销售品种也主要集中在包装商品或品牌商品。

农产品电子商务的开展往往需要在人口稠密的大城市，吸引到足够的客户群，拥有足够的销售规模。

想在互联网上开展业务的企业面临的困难是，现有用来实现传统业务的数据库和交易处理软件很难与电子商务软件有效地兼容。虽然很多软件公司和咨询公司都声称能够完成现有系统与网上业务系统的整合，但是，收费昂贵。除了上述技术和软件方面的问题，很多企业在实施电子商务时还会遇到文化和法律上的障碍。一些消费者不愿在互联网上发送信用卡号码，也担心从未谋面的网上商店了解自己的隐私。还有些消费者不愿改变购物习惯，他们不习惯在计算机屏幕上选购商品，而愿意到商场亲自购物。电子商务所面临的法律环境也充满了模糊甚至互相矛盾的条款。在很多情况下，政府立法机构跟不上技术的发展。

四、农产品电子商务的优势

（一）经营成本低

零售企业开店投入的资金中，相当一部分花在地皮上。在大城市，寸土寸金，一些繁华地带的地租动辄每平方米上万元，这样的高成本投入，使我国零售企业很难拥有价格优势。而农村市场开发程度低，地价也大大低于城市，大大节约了企业的资金，降低了经营成本。另一方面，农村地区劳动力成本也大大低于城市。大城市人口密度大，消费水平高，劳动力工资水平自然也水涨船高，平均工资多在千元以上；中小城市、农村地区，收入水平与大城市整体相差悬殊。

（二）竞争阻力小

相对于大城市你死我活的惨烈商战，中小城市和农村存在着明显的竞争不足。目前，占据这些地区商业领域的主要是一些地方的中小型商业企业以及为数众多的零散经营个体零售业者，普遍存在着规模小、布局混乱、组织化程度低、商品质量差等诸多问题。因此，我国商业零售企业正好可以充分利用自身在品牌、资金、管理等方面的优势轻松占领市场。除了直接投资开店之外，还可通过收购、兼并、嫁接、加盟等形式的资产重组吸纳那些当地不景气的商场、市场，实现低成本、大规模的扩张。

（三）市场潜力大

我国农村人口比重大，13 亿人口中 50% 以上分布在农村地区，从这个意义上说，只有占领了农村市场才是真正占领了我国市场。尽管现在农民的购买力相对比较低，但农村丰富的人口资源在一定程度上弥补了购买力的不足。从长远来看，我国要建设小康社会，农村经济的发展、农民收入的提高是关键，因此农民购买力的提高是一个必然趋势，农村市场的潜力是无限的。随着中国加入 WTO，国际零售巨头加快了进入我国的步伐，大城市市场竞争空间日益狭小，外资零售企业进军我国农村市场是迟早的事。

五、品牌农产品借势电子商务

电子商务时代，农产品迎来了前所未有的发展机遇。电子商务正在改变商业生态，吉林查干湖的胖头鱼、福建莆田的桂圆干、北美阿拉斯加的帝王蟹都在通过网络走进你我的生活。网络营销成本低，但是，品牌宣传覆盖面广、力度大，优质农产品完全可以抓住这个机遇实现跨越式发展，走出区域限制，占领全国市场。

（一）电子商务时代为农产品品牌营销提供新机遇

新的电子商务时代的到来，能为传统农产品品牌营销提供一个跨越式发展平台。由于电子商务改变了人们的消费习惯，为农产品销售打破时间和空间上的制约，成为品牌农产品的“秀场”和“卖场”。某电子商务平台，仅通过一天网络团购，上海第一食品厂就收到了10 461份的猪肉红肠订单申请、2 463份的秘制熏鱼以及1 362份上海酱鸭；800 公斤的福建特产莆田桂圆干更在一小时之内卖光。

阿里巴巴研究中心《农产品电子商务白皮书（2012)》提供的数据显示，2012 年在阿里巴巴平台上，从事农产品交易的网店已达26 万家，涉及农产品的商品数量超过了1 000万种。其中，新鲜水果、新鲜蔬菜、海鲜水产、南北干货等重点类目的当年销售增幅超过300%。中心预计，2014 年农产品销售有望迈上1 000亿元台阶，相当于2008 年淘宝全网（含淘宝网和天猫）交易额。

网络销售不但为解决农产品“买贵卖难”问题提供新思路，更为农产品提供了更灵活、更有效的品牌营销模式。

（二）借助网络营销还需自身素质过硬

品牌农产品通过电子商务能够实现跨越式大发展。由于农产品企业在以较小成本加入电子商务平台后，一方面可以通过网络享受到专业化的信息服务和增值服务，帮助其拓展市场，更好地促进农产品的销售。另一方面，电子商务能够准确实现农产品生产与市场需求的对接，加快产品结构调整，帮助农产品企业抵御供需矛盾带来的市场风险。

浙江省丽水市的遂昌县是中国农村电子商务的先行者。通过电子商务实现了小农田与大市场的对接，让农民尝到了网上销售的甜头。不过，电子商务平台想要进一步发展，电子商务方面的人才还需要进一步增加，农业产业化的道路还需要进一步深入。成立“电子商务联盟”，借助联盟平台，为物流谈判和人才教育、硬件设施共享带来帮助。

网络销售能够为农产品品牌营销提供新思路，但打造品牌的关键，还是在于企业自身是否过硬。无论是通过网络还是实体，一个成功的农产品品牌想要做好，就需要为自己的产品制定一个目标长远的品牌营销战略，找到独到的市场特色，找准市场稀缺点，制定企业产品研发方向，从而赢得市场。

第四节　农产品电子商务的作用

一、电子商务对传统农业的影响

（一）电子商务可以减少信息不对称，降低交易成本

严重的信息不对称导致了农民常常面临着巨大的不确定性和经营风险。同时，信息不对称使得农业收入中的很大一部分

被流通中介所取得，农民无法从农产品涨价中获得收益，造成了很多地方农民收入增长缓慢。电子商务成为了新的信息平台，借助这个平台，农民、乡镇企业、农业龙头企业、销售商、消费者在电子商务平台上会聚，交流信息，进行网上交易、网上签订供销合同；农民还可以在网上通过集体采购、招标等手段来降低生产成本。

(二) 电子商务改变了传统的乡村生活

电子商务改变了传统的乡村生活。这个“不可抗拒”的大趋势加快了农民的生活节奏。更重要的是，它将农民从土地和农业劳动中解放出来，并创造了新的工作岗位，如快递员、司机、网店设计师等。以往喜欢在城市工作的年轻人现在已经回家，给传统的农业地区带来新的活力。即使是大学毕业生或在城市里过得很好的人，也有不少回到农村经营网店。

(三) 电子商务可以有效促进新知识、新技术的传播

促使经济增长的近因归结为“努力节约、知识积累和资本积累”。在传统农业社会中，知识的传播是缓慢的、封闭的、低效率的，知识的取得成本非常高。农村在一定程度上，成为了信息孤岛。缺乏知识成为农民增收的最大障碍，电子商务将改变中国农村知识的获得方式，快捷、海量以及几乎可以忽略不计的知识获得成本，使农民可以最大限度地降低生产成本和市场风险。

电子商务还在创造着一种新的社会组织形态，农民不再仅仅是信息的被动接受者，而成为了知识的创造者和消费者，电子商务带来了知识的迅速扩散，加速了中国向知识型农业社会的转型。

二、电子商务对农产品市场的积极作用

亚马逊（www. amazon. com）的创始人杰夫·贝索斯曾经说过："性质改变的意义如此深远，以致都转化成数量上的变化了。"国内外的研究表明，农业电子商务的发展可以在促进信息流动、方便产业协调、提高市场透明度以及价格发现的基础上，真正实现即时的市场对接，产生切实的收入增长。

应用电子商务的企业能够产生成本效应，使得企业非常方便地将业务扩大到全球市场。农村小企业是电子商务潜在的最大受益者之一，巧妙地利用互联网可以为农民、小企业创造机会，增强它们向世界展示的能力，通过建立查询当地企业和产品的联络点，建立全球业务，开发新的产品和服务。

（一）增加农产品生产经营者的利润

电子商务对农产品生产经营者来说，能够减少流通环节、降低交易费用和风险成本，同时提高农业信息化水平，增强农产品市场竞争力，突破时间和空间限制，增加交易机会。

1. 减少流通环节，降低交易费用

首先，电子商务使农产品的买、卖双方越过层层中间环节（包括批发商和零售商）直接接触，实现信息交换和在线贸易。互联网取代了批发商和零售商等传统中介组织，成为农产品买、卖双方之间的新中介。网络的开放性使买家和卖家有可能来自于全国甚至全世界。农产品的购销信息一旦在互联网上公布出去，那么全世界任何一个地方的人只要上网就能看到。这个新中介具有独立性，不受买卖任何一方的控制，它处于生产者与购买者之间，减少中介环节，削弱了传统中介作为市场信息来源的作用，给生产者提供了寻找新的合作伙伴的机会和创造收

入的新途径。农产品电子商务使得农民与消费者通过因特网直接进行交易，提高了市场效率，减少了中间交易成本。据统计，在传统商务模式下，商品从订货到售出过程中费用占企业成本的18%～20%，部分企业利用电子商务优化供应链后，将该费用比例降低到10%～12%。

其次，电子商务降低了农产品交易中信息搜寻、处理交易、营销广告、流通运销等各环节的费用。一是降低了信息搜寻费用。传统的农产品销售，生产者与购买者之间存在着大量的中介，买家要花费大量的时间、精力和金钱才能获取有关农产品生产和价格的信息。而农产品电子商务提供了一个聚集众多买家和农产品生产者的虚拟交易场合，能提供各种各样的相关信息，从而降低了信息查找费用。二是降低了处理交易的成本。农产品电子商务整个交易过程从开始订单、付款、发货都自动化操作和实施，比电话、传真等传统渠道效率更高、费用更低。此外，在产品质量认定与划分、质量等级和品种划分依据具备公认标准的前提下，不需要将农产品费力地运送到在线现场，而只需要公布交易产品的质量等级，买家就能够把握产品的优劣档次了，从而极大地降低交易成本。三是可以节省营销成本。使用互联网做广告，其成本要比传统广告媒体节省90%。利用网络向全球发布本地农产品资源信息，宣传、推介本地丰富的优质农产品。同时将本地区的农产品推行标准化生产，创建网上农产品超市，不断扩大网上交易规模，逐步引入期货交易，发展“订单农业”。四是节约流通成本。我国60%～70%甚至更高比重的农户要自己解决农产品的运销问题，在流通环节损失的利润每年就高达200亿元。通过电子商务平台，生产者能直接和消费者进行交流，迅速地了解市场信息自主进行交易，减少不必要的中间环节，生产者能直接、迅速、准确地了解市场需求，生产出适销、适量的农产品，避免因过剩而导致超额的运输、贮藏、加工及损耗成本等。与传统销售模式相比，电子商务能节约包括信息搜寻成本、摊位费、产品陈列费用、询价议价成本等在内的交易成本和因信息不通畅而带来的风险成本。据国际通行的算法，同传统商务相比，电子商务可节约直接成本15%，节约间接成本75%。

2. 减少信息不对称，降低风险成本

农业的生产周期长及农产品易腐烂等特点决定了其与其他产业相比，具有很大的不确定性，不确定性增加了交易费用，也因此增加了交易双方履约的难度。根据威廉姆森的交易费用理论，在不确定性较高时，必须找到交易双方都能够信任的机制或方法，以寻求在不确定性发生时交易双方依然愿意通过协商寻找解决问题的途径。不确定性带来的农产品交易风险极大。因为生产周期长，按现在的市场信息生产出产品后，市场需求可能已经完全发生变化。由于农产品不易贮存，供给的价格弹性低，因此，增产不一定增收。

农产品电子商务具有整合优势、降低风险和不确定性的功能。农民可以通过发展“订单农业”，以合同保障农业产后的销售渠道，且随着物流条件的改善，可以在更大半径的农产品市场之内进行交易，特别是通过农协或农业合作社等信用与集团优势，集中购销，可以节省人力和运输成本，改进农产品流通的效率。还可以将农产品产前、产中、产后诸环节有机地结合到一起，解决农产品生产与市场信息不对称的问题，可以帮助领导科学决策，合理安排生产，有效避免盲目发展所带来的风险。在农产品交易过程中，农民极度缺乏市场信息，增加了农民在农产品交易过程中的风险和不确定性。农产品电子商务给农民多了一个获取信息的平台和渠道，借助它能实现农产品信息的沟通与知识的共享，完成市场信息的收集与交换，减少不对称信息的比重，它的应用可以帮助农民科学地决策、指导生产，尽量减少不必要的经济损失。

3. 提高农产品商务信息化水平，增强农产品市场竞争力

无论是国际市场竞争还是国内市场竞争，农产品竞争力的核心都是信息化的发展水平。必须拥有先进的网络信息技术和手段，才有可能在激烈的市场竞争中取胜。经济全球化使各国市场连成一个整体，目前社会网络已经成为信息传递的重要工具，而获得农产品生产、交换主动权的关键之一就是对最新、全面、及时、重要信息的掌握，这正是农产品商务信息化发展的动力和需求。因而农产品电子商务的发展必然提高对农产品商务信息化的要求，从而推动农产品生产、交易信息化水平的提高。

电子商务的广泛应用能使农民按照市场需求选择生产，并适时销售农产品，从而提高市场竞争力。相对于工业而言，农产品对信息的掌握需求更为迫切，每年因信息问题造成的农业损失难以计数，农民在生产什么、生产多少的决策方面具有很大的盲目性和滞后性，从而使农产品生产交易风险极大。另外，在市场经济条件下，农产品生产产前、产中、产后各环节的有效衔接，以及农产品生产、分配与消费的各环节，均以市场经济规律来指导和调节，这就必须有充分、准确、及时、可靠的信息作保证。因此发展电子商务，农民更容易掌握市场对农产品种类及数量等需求，逐步提高市场竞争力。

4. 突破时间和空间限制、增加交易机会

农产品电子商务有助于克服农产品生产分散性、区域性、

季节性的缺点。农村地区由于基础设施条件差，交通、通信不够发达，难以得到及时、准确、可靠的市场需求信息，加之以家庭为单位的小规模生产使农产品生产者之间基本上不存在信息交流，农户以经验来进行生产，从而使大量的农副产品流通不畅，经常发生“卖难”的现象。农产品电子商务跨越了时间和地域的界限，可以在更广阔的时间和空间范围内调节生产与市场的矛盾，通过供、需双方的及时沟通，使农产品生产者能够及时掌握市场信息，根据市场需求合理组织生产，从而使农产品适销对路，避免农产品结构性的“卖难”问题。

首先，可以使广阔而分散且小作坊式生产的农民，在集中的平台上共享对称信息所带来的集成优势。如利用互联网低成本搜寻、了解并购买投入品，并可以从生产厂家那儿直接购买；可以帮助农民更有效地推销他们的产品；可以帮助大宗农产品诸如谷物的生产者更好地进行供需匹配，避免价格波动；通过改进信息流，建立质量担保体系，更好地追踪市场，使供应链更加优化。农民有更多的机会将产品销售到更远的地方，同时农产品电子商务可以将地理范围分散的、少量的、单独的农产品交易组织化、规模化。此外，由于电子商务可以提供 24 小时的全天候营业时间，因而能让农民找到更多的新市场，吸引更多客户。

其次，可以提前发布不同季节农产品的种类、价格、生产方面的信息，打破产品销售的季节性，实现订单生产，获得丰厚的销售收入。由于农产品的生产和销售具有明显的季节性，当主要产区的农产品供过于求，出现地区性的产品过剩时，应该突破时间和空间的局限进行销售，否则丰收的农产品就会大量囤积，当地的生产者为争夺有限的市场和顾客必然产生激烈的竞争，竞相压价，以致两败俱伤。这就是“丰产不丰收”的道理。而在互联网上，生产者能够逾越生产季节和主产区的限制，将农产品生产出来，并将其送达市场需求旺盛的地方，实现农产品的适销对路，从而获得更多收入。

再次，通过互联网，不仅可以把产品卖给国内需求者，还可以卖到海外，赚取外汇。且互联网技术只需要有限的基础设施投资就能使无论处于什么地理位置的生产链上的个体参与方获得机会、得到实惠。

（二）提升农产品消费者采购效率

对于农产品消费者来说，电子商务能够帮助他们改变信息获取方式和购物方式，节约购买时间，降低购买成本。

1. 改变消费者的信息获取方式

在传统的商务模式下，当消费者对某种农产品产生需求后，对于产品的信息，只能通过个人来源、商业性来源、公众来源或经验来源获取。个人来源，即从家庭、朋友、邻居和其他熟人处得到信息，而其他人未必有对这种商品的购买经验，这种渠道获得的信息相当有限。商业性来源，即从广告、售货员介绍、产品展览与陈列、产品包装、产品说明书等得到信息，从这种渠道获得信息，消费者不仅要在商店耗费大量的时间，还很难了解真实的信息，毕竟有“自卖自夸”之嫌。公众来源，即从报刊电视等大众宣传媒介的客观报道和消费者团体的评论得到信息，这种信息相对而言比较真实，但这种信息存在供求不对称问题，当消费者对某种商品有需求时，很难马上通过公众来源获得相关的商品信息。

2. 改变消费者的购物方式

电子商务的推广使家庭购物成为现实。只要消费者打开电脑，敲一敲键盘，就能进入网上农产品商店，查看成千上万的产品目录，从中挑选自己想要的产品，然后查看产品相关信息。随着多媒体技术的应用，还可以在计算机屏幕上看到产品的照片甚至三维图形。对于选定的产品，消费者只在网上填写订单并网上支付。订单确认后发出，商家几乎立即可以收到订单，随即就会送出或寄出顾客购买的商品。

支付方式也将产生很大的转变。上网消费者只需要拥有一个网络账号，就可以在任何地点、一天 24 小时不间断地得到银行业务服务，包括储蓄、转账、查账、信用卡、证券、交易、保险和财务管理等业务。

电子商务极大地提高了农产品消费者信息搜集的效率，降低了信息搜集的成本，扩大了信息搜集的半径。搜索引擎为消费者进行信息搜集提供了便利，节省了信息搜集的时间和成本。消费者只要在搜索网站上输入欲购买的产品名称，就能获得相应信息。网上不同类型虚拟社区的存在使消费者不仅可以从身边获得信息，还可以向素不相识的人了解信息。各种网站也为农产品消费者获取信息提供了便利。在各种农业门户网站上，消费者很容易了解某类农产品的市场行情。

3. 降低消费者的购买成本

在传统的农产品零售商务情况下，消费者购买农产品往往是先搜集产品信息，然后选购产品，最后将产品自行运送回家。其购买成本不仅包括农产品价格，而且包括运输费（包括自己去商店、商场和回家的车旅费等）和交易的时间、精力成本。在电子商务环境下，消费者购买农产品的成本包括货物送到手中的商品费用、上网设备使用费及时间、精力等。相对于传统农产品零售业务，电子商务大大降低了消费者的交易成本，消费者不必再为购买商品而在市场之间奔走，不必再为与业务员讨价还价而筋疲力尽。电子商务使农产品消费者进行产品价格比较几乎在“弹指之间”就能完成，同时也大大提高了商品价格的透明度。网上直销方式的兴起，极大节约了中间渠道的成本，农产品价格也变得更合理了。

（三）有利于农产品结构调整

对于一个国家的农业来说，电子商务有利于农业结构调整和优化升级，有利于改变传统的农产品贸易方式，有利于从事农产品生产的中小企业与国际市场接轨。

1. 有利于农业结构调整和优化升级

在信息化环境下，信息技术全方位地渗入农产品生产和经营的管理过程中，加速了中国的农业产业化进程，提高农业产业化的总体质量，可高质高效地改造传统农业，加速其更新换代和优化升级过程，从而加速传统农业的结构调整和优化升级。电子商务在农产品生产、贸易中的应用和发展，可以促进农业产业化过程中自动化、信息化和高效化的实现，大幅提高农业的信息化水平和经济效益，使传统高消耗、低效益的农业生产结构向新兴低消耗、高效益的生产结构方式转变。粗放型的农业生产模式将会被集约型、技术知识密集型的生产模式所替代，传统的农业生产方式将得到改造，农业生产成本得以下降，农业生产效率将大幅提高。农副产品加工业、乡镇企业等将得到进一步发展，农村服务业结构得以更新和改善，从事农村工业和农村信息技术、智力劳动及信息服务的人越来越多，农村劳动力的就业结构由此发生变化。

互联网的发展为农产品及生产资料的销售开辟了更广泛的市场空间。农民有更多的机会将产品销售到更远的地方，同时也将地理范围分散的、少量的、单独的农产品交易规模化、组织化。电子商务可以提供24小时的全天候营业时间，让农民找到更多的新市场，吸引更多客户。另外，交互式的销售方式，使农民能够及时得到市场反馈，改进本身的工作，提供个性化服务，建立稳定的顾客群。

在线交易也使资源得到更有效的配置。从整个产业链向下直到农企层次，农产品提供商可以追踪销售实时动态，以大大减少库存。过多的库存可以通过网上拍卖得以迅速清空，从而不再占用库存资金。

2. 有利于改变传统的农产品贸易方式

农产品电子商务是建设社会主义新农村、开拓市场和参与全球竞争的必要手段。传统的“一手交钱，一手交货”的贸易模式将被打破。互联网上的一些创新的金融服务对于农产品交易双方都带来了不小便利。例如互联网上支付宝公司提供的担保交易功能可以让互不信任的交易双方找到一个可信任的第三方，让原来无法完成的交易可以正常进行下去。如果没有担保交易，淘宝提出的针对农产品搞的“预定消费”、“周期购”等销售模式根本无法进行。

农民通过农产品电子商务还可以十分便捷、快速地完成信贷、担保、交易、支付、结汇等环节。农民可以更贴近市场，提高生产的敏捷性和适应性，迅速了解到消费者的偏好、购买习惯及要求，同时可以及时反映消费者的需求，从而促进供需双方的研究与开发活动。小生产与大市场的矛盾是目前制约中国农业发展的一大障碍，农产品电子商务跨越地域和时空的界限，在更大范围内调节生产与市场的矛盾。

3. 有利于中小企业与国际市场接轨

加入世界贸易组织后，农产品市场遇到前所未有的机遇和挑战，全球化的市场正逐渐形成。农产品市场正面临越来越沉重的国内外同行竞争的压力。因此，农民对农产品信息的了解、交流提出了更高的要求。在传统的经济理论中，农产品市场的买卖双方是在完全信息条件下进行交易的，即价格是由供求双方的总体水平共同决定的。但在现实的市场经济条件下，农民对现实中的农产品信息难以完全了解，使现实经济生活中的信息不对称成为主导。农民极度缺乏市场信息，增加了农民在农产品交易过程中的风险和不确定性。由于交通、通信等因素的原因，农民难以及时、准确、可靠地得到市场信息，导致大量农产品流通不畅，影响了农业发展。而农产品电子商务给农民多提供了一个获取信息的平台和渠道，借助它能实现农产品的信息沟通与知识共享，完成市场信息的收集与交换，减少信息的不对称。农产品电子商务的应用可以帮助农民科学地决策、指导生产，尽量减少不必要的经济损失。

三、带动农产品生产相关产业的积极发展

电子商务的运用能够惠及农产品生产相关产业，涉农综合服务水平能够得到提高。如农民的农业技术水平可以得到提高、就业可以得到增加、农村交通物流可以得到进一步改善等。

（一）产生外部正效应

如果某一区域或合作组织的农户或团体搜寻、分析和发布市场信息，信息外溢会使该区域或组织外的农户或团体获得信息而从中受益，但是，它们不用向搜寻、发布信息的主体缴纳费用，这就是正外部性。网络的正外部性的特征，使电子商务的运用能产生乘数级的经济增长。农民只要接触到网络，就能共享网上有关农产品的产业政策、市场价格、需求状况以及气

象气候等信息，解决信息不对称带来的产品卖不出去、需要的农资和农用品不知如何购买等问题。因此，农民可以通过农业网站，学习新的农业技术，了解国家政策，调整种养结构，交易农产品等。

（二）辐射及带动相关产业

正如阿里巴巴专注于中小企业的发展一样，农产品电子商务能为从农业生产资料到种植、养殖，再到农产品加工和农业大流通、涉农综合服务这一动态全过程提供服务，这根链条上汇聚了全国5万农业产业化龙头企业，17万农村合作及中介组织，95万经营大户，240万农民经纪人。另外，农产品电子商务的发展，使农产品信息中介及乡村信息员增加，增加了农村的就业岗位。

电子商务还可以促进交通和物流的发展。随着农业信息化的发展和农产品电子商务的运用，农村交通和农产品物流得以快速发展。信息化给农民带来广阔的市场空间，而农产品对保鲜性、标准化要求较高，农产品物流体系的建设必然要适应这种发展和变化。农产品物流体系是农产品电子商务发展的一个瓶颈问题，农产品电子商务也会促进与农产品物流相关的交通及基础设施的建设。

第五节　农村正成为下一个电子商务的发展点

一、农村和电子商务有着互补性的合作关系

全国各地的农村正涌现大量的淘宝村，截止到2014年年

底，全国已经发现各类淘宝村20个，总店铺数达到15 000家，同时捧红了一些农村淘宝明星。如阿里巴巴授予广东军浦村“中国淘宝村”的称号，随后引发了一系列连锁反应，军埔村所属的揭阳市政府不仅喊出了“建设电子商务第一村”的口号，还非常实在地提出了各项扶持政策。浙江省临安市昌化镇白牛村550户村民开设50个网店卖坚果炒货，让当地花生、葵花籽、杏仁等产品，从小本生意升级为稳固的产业链……淘宝村正成为全社会不可忽视的力量。

农村与电子商务有着典型的“各取所需”的合作关系，农村巨大的人口比例和消费潜力成为各大平台垂涎的肥肉。反观农村，从生活方式到购物理念，再到科技文化的消费，以及农产品的销售等，都需要成熟的商业模式来引导，从而进入正轨。电子商务带来的大数据技术，能有效地减少农民生产的盲目性，用专业的数据分析取代靠天吃饭，从而消除农业市场的信息不对称现象。电子商务成熟的商业模式也可以让农民增收：通过网络信息发布、订单处理、合理分配资源等流程，最大限度地缩短中间环节，从而降低成本，真正实现“谁劳动，谁赚钱”的健康社会秩序；此外，电子商务的介入，会打破农村区域性的限制，通过网上有效组织，形成规模化的产业，中国的葵花籽就能卖给马来西亚的市民了。

虽然农村和电子商务有着互补性的合作关系，但电子商务要真正融入农村生活，却不是简单的几个店铺能搞定的。不仅需要有形的硬件设施，更要提供无形的生活、文化、教育理念。显然，仅依靠电子商务难以完成这些社会工作，更需要政策的扶持。

二、电子商务正逐步向农村发展

电子商务进军农村，首先要做的就是革新当地的消费理念，引导农民正确地使用手中的闲钱。要告诉他们，钱能存到信用社，还能存到余额宝，更重要的是要让其对外面的生活产生兴趣，从而完成引导性消费。这需要一个漫长的过程：最基本的手段，是提供琳琅满目的商品，同时价格要比村里的集市还便宜；其次是重点布局农村缺少的服务，如农村移动营业厅不多，每次交话费还要骑几十分钟自行车到附近的镇上，所以流动性话费服务会大受欢迎；最后才是升华性地引导消费，让一些稍微奢侈点的产品刺激农村的消费潜力，把城市的生活理念带回农村，让正确的购物、文化、体育理念来矫正农村土豪们的略带畸形的生活。此外，政府配合要做的就是"扶智"，提高农民使用信息的能力，加强本地实用型信息技术开发人才的培养，让村民学会自己思考和创新。

据相关报道，中国目前涉及农产品的电子商务企业已达到30 000家，但运营全部处于亏损状态。菜管家开店4年，总投资3 500万元，至今一分钱没挣；武汉"家事易"倒是发展挺快，短短两年时间就覆盖了1 200多个市区，累计投入6 000万元，每日的成交量尚可，但就是不盈利。亏损背后，引来了农产品电子商务对于B2C传统思维、目标人群、采购平台和客户体验的反思。

农村电子商务要真正实现互联网互通，首先要做的硬件建设其实是物流体系，而针对农产品的特殊性，冷链物流的要求会更高。事实上，冷链物流是农产品电子商务永远无法回避的问题，是电子商务大面积涌向农村的最后一道障碍。冷链，不仅要有库房，需要专用的"冷藏+冷冻"的混合车辆，还要保证周转过程中的恒温设备等，这种物流链的投资，数额巨大且回报周期太长，不符合中国互联网赚快钱的大思路。此外，天气因素对农产品电子商务的影响更大，持续恶劣的天气，不但会让物流车辆陷入村中的泥潭路，更重要的损失则来自于对产品交期的影响，正是这些困难因素，让电子商务大佬们心有余悸。好在一些龙头企业已经开始了冷链物流的探索，如顺风优选（www. sfbest，com）实现了全国常温送货，2014 年继续发展，曾在 24 小时内把南方的荔枝送到北京、呼伦贝尔的羊肉送到海南岛；马云的“菜鸟网络”，采取整合模式，成功从美国运回 80 000 单车厘子；至于京东（www. jd. com）干脆直接跑到田间，而后通过采购、仓储、配送、加工、营销、售后等环节，直接将产品送至老百姓的餐桌上。

第三章　农产品电子商务的产生和发展

一、农产品电子商务发展面临的背景

（一）涉农电子商务发展迅速

电子商务的跨地域特性，能够帮助农村居民打破以往的有形市场的物理局限，有效拓展全国乃至全球市场。

一方面，通过电子商务交易平台，三四线城市及中西部地区的消费者可以购买到只在一线城市销售的品牌商品。如 2011 年，甘肃、青海、贵州、内蒙古自治区等在淘宝全网的消费金额中超过 67% 都是跨省购买的。

另一方面，中西部地区如新疆维吾尔自治区、内蒙古自治区、四川等地超过 70% 的销售都销往外省。通过电子商务平台，新疆维吾尔自治区的大枣、内蒙古自治区的奶酪乃至四川的特色小吃等得以销往全国。

在电子商务平台的帮助下，涉农电子商务应用显著增长。2011 年，淘宝全网各省成交金额的前 10 名里，中西部地区网购增速已经超过沿海地区，增长最快的前 5 个地区分别是：山西、内蒙古自治区、新疆维吾尔自治区、安徽和甘肃。

涉农电子商务也从 2009 年起呈现快速增长态势。从最开始的零散农户在网上卖土特产，发展到形成以村、镇、县为单位的产供销产业群，如江苏睢宁沙集镇、浙江义乌青岩刘村、浙江缙云北山村、浙江遂昌县、河北清河县等。作为涉农电子商务中重要组成部分的农产品电子商务更是涌现出了王小帮、赵海伶、杜千里、中闽弘泰等一批优秀的网商。

（二）各类涉农平台的重视和投入

农业是“三农”问题的关键，农产品则是农业的核心。近年来，农产品电子商务受到各类平台的重视和大笔投入，成为涉农电子商务的热点。包括阿里巴巴、淘宝网、天猫、京东、当当等平台，均将农产品作为重要业务拓展。

农产品电子商务同信息化息息相关。从 2004 年以来，我国的“村村通工程”成功实现了“村村通电话、乡乡能上网”，农村通信服务水平迈上历史性的新台阶。截至 2010 年，全国行政村、20 户以上自然村通电话的比例分别达到 100% 和 94%，实现了全国 100% 乡镇能上网，其中 99% 的乡镇和 80% 的行政村基本具备了宽带接入能力。据农业部的数据，到“十一五”末，我国涉农网站达 31 000多家。

在湖南，中农传媒与淘宝网、阿里巴巴合作打造了“特色湖南”网上平台，实现了农产品产销的无缝对接。短短 4 个月，该网站的点击率就高达 587 万人次，并且湖南的 33 个品牌农产品借助该网络平台，实现了 4 个月网上销售 400 多万元的良好业绩。

在陕西，周至县三湾神舟行绿色蔬菜专业合作社与西安市人人乐超市通过网络“联姻”，从未谋面的农商双方达成了西红柿、青瓜等 6 个蔬菜品种 20 吨的交易，交易金额约 4 万元。据悉，陕西省农商对接服务平台 2009 年 2 月建成两年多来，发布各类信息 6 500余条，收录企业信息超过 100 家，达成交易

4 400个，交易额突破2.5亿元。

在福建，“世纪之村”网络平台自2006年创办以来，已在泉州市2 350个村中的1 850个村上线使用，发布村务公开信息9万余条，农产品信息60万条，成交金额达3 100多万元。为泉州农村社会提供了1万多个就业岗位。

在河南，97%的行政村开通了“新农村商网”，农民上网销售尝到了甜头。河南省虞城县城郊乡郑庄村长毛兔养殖户林阳此前一直没找到销路，他的兔毛在县里都是按照每千克80~100元的价格销售。自从他在“新农村商网”登记了出售信息，结果福建的一个采购商以每千克260元的价格买走了他所有的兔毛。

（三）更多服务商投身农产品电子商务

除了涉农电子商务平台的积极参与，越来越多的服务商也加入到农产品电子商务的潮流之中。

据了解，目前我国农产品电子商务已经形成以第三方电子商务交易平台为基础，零散农户、农业合作社、渠道商共同参与的格局。不过，目前从事农产品经营的网商主体依然以零散农户为主，无论是专业技能还是资源统筹能力都有欠缺，而服务商在这方面则有明显的优势，一定程度上可以带动整个农产品电子商务的规范和繁荣发展。

在农产品电子商务服务商中，物流、仓储、运营服务、金融等行业发展前景最为广阔。以物流为例，当前大多数第三方物流公司的物流网络只能覆盖到县一级地区，很多乡镇无法送达，一些偏远地区更是被排除在物流公司的业务范围之外。随着农民网购的兴起，以及农村网商的大批涌现，物流企业在农村市场将有极大的增长空间。

二、农产品电子商务发展的形式

根据阿里巴巴研究中心预测，2014 年在淘宝上的农产品交易市场将达到500 亿元，经营农产品的网店数量有望突破100 万家，农产品电子商务已经成为电子商务增长最快的类目之一。

在中国，有一个奇怪的现象，离城市越远，环境污染越小，食材越优质，但是，价格却越低廉；而离城市越近，污染越严重，食材质量也越差，价格却越昂贵！引用《舌尖上的中国》中的一句话："时间，既是食物的朋友，也是食物的敌人！"如何打破时间的限制，让更多人享受到最优质的食材，电子商务成为了解决问题的最好手段。

然而，在这个电子商务已经成为全社会最热门话题的时代，当你走进一个个村庄的时候会发现，这里的人们完全不知道什么是网络购物，更别说在网络上去销售他们的产品。该如何通过互联网来发展农村电子商务，让更多的农民兄弟从中受益，让更多人吃到健康美味的食材呢？一般地，势必都会经历以下 3 个阶段：

（一）龙头产品品牌化：增值

为什么要把龙头产品的品牌化视为农村电子商务发展的第一步？因为信任！

1. 农户的信任

在农村，大多数人都不懂网络购物，更别说网上销售农产品，而高昂的物流成本加上低廉的产品价格，使太多的人望而却步。如何打破这个怪圈？应从农产品的标准化，龙头产品的品牌化入手。必须通过龙头产品的品牌化，让更多的农户了解电子商务，让优质食材的供应者受益，才能源源不断的提供更多优质食材，保证农村电子商务的健康发展。

2. 消费者的信任

农产品电子商务，解决了信任就解决了一切问题，在这个到处食毒的时代，吃一顿安全、美味的饭菜是每个消费者的追求。如何让别人相信你的食材是安全的？唯有标准化、品牌化，才能逐渐在消费者心中建立起信任。

农产品电子商务，看似门槛很低，其实门槛相当高，每一个产品都是一个独立的类目体系，每增加一个产品就等同于增加了一个类目，如牛肉和鲫鱼都属于生鲜，却有着不同的供应链体系，苹果和红枣都属于水果，却有着不一样的销售周期，如果再衍生到深加工，范围就更广了，所以龙头产品的标准化首先要有明确的市场定位，切忌大而全！

随着人们生活水平的提高，吃饱已经不再成为问题，而吃好已成为越来越多的人追求的目标，这也为农产品的品牌化奠定了基础。每个地域有不同的环境、文化、地理优势，也就为每一个农产品赋予了不同的品牌故事。有些人因为吃而爱上了一个地方，有些人因为玩而吃到了最美味的食物，一个地方的旅游业和美食永远是不分家的。农产品的品牌化离不开地方旅游业的发展，反过来又能为地方旅游业开启新的宣传窗口。

所以，农村电子商务的发展，离不开当地龙头产品的品牌化，只有品牌化，才能增强农户信心，解决消费者信任问题，同时拉动其他农产品电子商务的开展。

（二）地域特色规模化：增产

地域特色的规模化，往往离不开政府公信力的引导，很多地方的农村，农民今年都不知道明年地里该种什么，一年一变样，说得好听点叫做跟随市场趋势，说得不好听就是啥值钱就种点啥！就连所谓的龙头产品都面临着可能绝迹的危险，这样的态势导致了淘宝“特色中国”各县级馆销售的产品都是一样的，根本没有特色。

地域特色的规模化，必须要专业的农业电子商务企业联合当地政府，对当地的地域特色进行重新定位，利用政府公信力，进行资源整合，引导农户将地域特色规模化。这个前提，一定是农户对电子商务的了解和信任，而这份信任一定来自于龙头产品的品牌化。

金华火腿、安溪铁观音、湘西腊肉、吐鲁番葡萄……当不断涌现一批又一批这样的地域特色产品，并将其品牌化、规模化以后，农村电子商务才能茁壮发展，也才有可能呈现真正的特色中国！

然而，很多的地域特色都提前实现了规模化，却没有实现品牌化，这样的结果是80%以上的农产品并没有给地域特色加分，有些甚至是减分。如大家都知道湘西腊肉出名，却没有人知道什么牌子的湘西腊肉最好。品牌化的前提是实现标准化。很多食材确实很美味，但是，食材选择、制作条件、工艺流程是随机多样的，如果在标准化之前过早实现了规模化，品质就往往无法把控，这也是很多地域特色产品确实很出名，但品质上却良莠不齐的原因。

所以，在龙头产品品牌化的基础上，利用政府公信力整合资源，实现地域特色的规模化，在增值的基础上增产，是农村电子商务发展的重要一步。

（三）专业分工平台化：增收

“分工是劳动效率提高的主要原因。”这是《国富论》的理论基石。

专业的人干专业的事，这是农村电子商务规模化发展的重要基础，让每一个农户都去开一个网店，这是不现实的。在整个农村电子商务的发展中，首先就要做好专业化分工，政府起到引导和监督的作用，专业的电子商务企业搭建好销售和服务平台，农户精心做好优质食材供应，这样才能保证农村电子商务的高速健康发展。

农村电子商务的发展，需要一批优秀的创业者来实现龙头产品的品牌化，然后在政府的引导和资源整合中实现地域特色规模化，在整个过程中做到定位清晰，分工明确，搭建专业销售平台，这 3 个环节环环相扣，密不可分，只有做到产品增值、规模增产、人人增收，才能搭建一个健康的农村电子商务发展平台。

农村电子商务的发展是双向的，一方面要让自己的好东西出去，一方面要让别人的好东西进来，这样才能形成完整的商业闭环。

三、农产品电子商务发展模式

(一) B2B 模式

Business To Business (商家对商家)，简写为 B2B。是指农产品生产企业、加工企业、销售企业之间利用电子商务技术进行的农产品交易活动。在这种模式中，农产品的供给企业和求购企业借助于网络完成与农产品交易相关的所有环节。主要工作流程由农业生产企业提供给农业加工企业或农业销售企业成品或原材料，并及时了解他们对产品的需求，合理地控制生产，调整库存，降低成本，增加效益；农业加工企业对成品进行加工，新的产品批发给销售企业，再通过销售企业的需求，制定合理的加工生产计划；农业销售企业获得供应商成品，实时了解市场供应情况，合理制定价格策略。这种模式的优点是以上3类企业可以及时有效地共享信息，减少库存成本，优化资源配置、促进农产品销售，降低成本，增加效益。但这种模式也存在着缺点，缺乏与产品原材料的接触，3类企业供应链受原材料的制约，甚至会出现“共亏”现象。

（二）B2C模式

B2C是英文Business to Customer（商家对顾客）的缩写。在B2C模式中，农产品供应商和消费者借助于网络完成与农产品交易相关的所有环节。B2C模式可以在农产品加工企业与消费者之间，产地市场批发商与消费者之间，销地市场批发商、零售商与消费者之间发生。主要工作流程是农业企业将自己的产品信息发布到网络平台；农户和个体消费者根据自己需要在网上订购农资和农产品；农户和个体消费者将消费体验通过网络与企业交流，对企业生产销售提供参考。这种模式的优点是减少了营销的中间环节，还利于农民和消费者；消费者和企业直接交流，提高农产品质量和服务。但是，这种模式受农村基础设施、农民文化水平的限制，一般农业生产者难以实现。

（三）C2C模式

C2C的服务对象主要是农户、农户联合和个体消费者，是个人与个人之间的电子商务模式。主要工作流程是：农户在网上进行自产自销；消费者在网上直接从农户手中购买农产品；农户和消费者在网络平台进行信息交流。这种模式可以帮助农户减少中间环节，增加农民收入；可以让消费者买到质优价廉的农产品；

同时农户可以及时了解市场动态作出调整。但是，这种模式对农民的素质要求较高，对物流要求较高，鲜活农产品不宜远距离运输，一般局限于容易运输的干货类农产品。

（四）C2B 模式

C2B 即消费者对企业（Customer to Business），服务对象主要是农户或农户联合，企业包括农业生产、加工、销售企业。这种模式的工作流程是农业企业在网上发布自己所需的初级农产品，制定价格；由农户或农户联合来决定是否接受农业企业的要求；假如农户接受企业的要求，那么交易成功，假如农户不接受企业的要求，那么就是交易失败。这种模式的优点是农户+大客户模式，可以稳定农产品销路，减少盲目性，降低风险；农业企业减少进货中间环节，找到符合要求的农产品。但是，这种模式对农民素质要求很高，不仅要懂生产，懂网络，还要懂经营；而且大宗交易风险较大，需要农民加强合同指导。

四、我国农产品电子商务发展经历的阶段

自 1995 年以来，我国农产品电子商务经历了 4 个发展阶段。

（一）第一阶段：1995—2005 年

1995 年 12 月 12 日，郑州商品交易所期货网成立，开始探索粮食在网上流动，2000 年中华粮网成立，2005 年 10 月开创中央储备粮网上交易探索。1999 年全国棉花交易市场成立，1999 年 12 月以来，交易市场接受国家有关部门委托，通过竞卖交易方式累计采购和抛售国家政策性棉花近 2 000万吨，成交金额近 4 000亿元。2000 年 8 月至 2002 年 6 月，交易市场还接受国家有关部门委托，通过竞卖方式抛售国家储备糖 230 多万吨。

中心监测数据显示，2013 年全国农产品电子商务销售额突破 500 亿元。

（三）农产品电商地域扩展，县域以下农产品电商发展迅速

随着农村信息化和流通业发展，电子商务的业务也拓展到县城以下的农村领域，在我国广大农村地区，涉及农业的电子商务如雨后春笋般发展起来。以阿里巴巴相关电商平台为例，数据显示该平台上注册地址在乡镇的农村卖家约为 72 万家，其中，淘宝全网卖家接近48 万，阿里巴巴诚信通账户为24 万。阿里平台上经营农产品的卖家数量为 39.40 万个。其中，淘宝全网卖家为 37.79 万个，比 2012 年的 26.06 万个，有了 45% 的增幅。而在阿里巴巴 B2B 平台，经营农产品的中国供应商和诚信通账号约为 1.6 万个。据统计，到 2013 年年底，我国已经有 20 个“淘宝村”，分布在浙江、福建、广东、河北、山东、江苏、江西等省份。这些“淘宝村”的网店总数约有 1.5 万家，带动6 万人直接就业。

（四）农产品电商发展与问题并存

我国农产品电子商务领域还刚刚起步，商务模式、体制等仍不完善，因此，我国的农产品电子商务在现阶段不可能实现全部取代传统的商务模式，我国的农产品电子商务发展是一个渐进的过程。从我国农产品电子商务的实践看，农产品电子商务业务呈现 3 个层次的特点。

1. 初级层次

主要是为农产品交易提供网络信息服务。如一些企业建立的农产品网上黄页，在网络平台上发布企业信息和产品信息。大型农业集团建立的超大现代农业网。小企业或是个体农户则

依托各类农产品信息网发布信息。

2. 中级层次

一些网站不仅提供农产品的供求信息，还提供了网上竞标、网上竞拍、委托买卖等在线交易形式，交易会员可以直接在网上与自己需要的运输公司洽谈，但尚未实现交易资金的网上支付。资金的支付还是依靠传统的邮局或银行实现。

3. 高级层次

高级层次的农产品电子商务不仅实现农产品电子商情的网上发布和农产品在线交易，还实现了交易货款的网上支付，是完全意义上的电子商务。

六、发展农产品电子商务的常见的驱动型

（一）供应链驱动型

典型代表是顺丰优选（http：//www. sfbest. com/），凭借顺丰集团的物流与配送优势，可以快速占领全国市场，这也是顺丰优选2013年拿下近4亿销售战绩的主要原因，上游的货源更丰富更标准，下游的配送优势会更加彰显。

（二）营销驱动型

典型代表是“本来生活”（http：//www. benlai. com/）。农产品背后的故事性强，容易制造传播热点，从“褚橙”“柳桃”到“潘苹果”，从“四大美莓”到“阳澄湖状元蟹”，背后都有本来生活网的影子，核心都是以营销带动流量和销量。其面临的挑战是需要不断推陈出新。

（三）产品驱动型

典型代表是“沱沱工社”（http：//www. tootoo. cn/），依靠

自建的有机农场坚守高品质产品，并在全国大力发展联合农场，力求通过严控品质获得忠实消费者，以产品驱动消费且稳扎稳打。其面临的挑战是瞬息万变的市场节奏。

（四）渠道驱动型

典型代表是“天天果园”，依靠自身对水果市场的专业理解，单一聚焦水果品类，大力开拓天猫、1 号店、微信、电视购物、广播电台等各类销售渠道。其面临的挑战是要提高跨区域配送的服务能力。

（五）服务驱动型

典型代表是遂昌网店协会（http：//www. wdxh. org/），政府倾力支持企业独立运营，他们为本地的中小卖家（农户）提供培训、开店、营销、仓储、配送等标准化服务，凭借自身专业服务赢得市场价值。

七、国外农业信息化模式对我国电子商务发展的启示

信息化是通向农业现代化的“云梯”，农业现代化离不开信息化的支撑。在全球化和信息时代，对于中国这样一个农业大国而言，更应分析借鉴国外农业信息化建设经验，以更好地服务于中国农业信息化建设实践。

2014 年的《政府工作报告》提出要促进农业现代化和农村改革发展。积极推进农业信息化是实现农业现代化的一个重要内容。农业信息化代表着信息经济与知识经济时代农业生产力发展的最新要求，既是我国信息化事业发展的重要组成部分，也是建设社会主义新农村的重要内容。在此背景下，对国外农业信息化建设模式进行比较分析，学习借鉴国外农业信息化建设的先进经验，以更好地服务于中国农业信息化建设实践，具

有重要的现实意义。

目前，国外农业信息化建设有以下几种典型模式。

（一）美国模式

以政府为主体，美国建立了较为完善的农村信息服务体系。政府对农业的补贴、财政转移支付与其他方面的支持，主要是通过扶持、支持农业信息化的办法让农业和农民间接受益。美国上互联网的农民占农民总数的一半以上，用直升机进行耕作管理的农场占农场总数的20%以上，安装GPS定位系统的农场范围很大。这些内容有机统一，共同构成了美国的“精准农业”模式。美国还颁布了一系列关于信息公开、信息收集与发布、个人隐私权保护的法律法规，为美国农业信息化的发展提供了法律保障。美国首席信息官委员会等为农业信息系统互联、兼容与业务协同提供了组织保障。通过农业网络信息中心联盟等组织实现了农业信息资源共建共享。

（二）日本模式

日本是发展应用型农业信息服务的典型代表。根据农业市场运营规则，日本政府建立了若干个专门咨询委员会，同时制定了较为配套完善的规章制度，约束市场主体的行为，促进市场有序运行。因地制宜发展地域农业信息系统，发展农产品电子商务，推进IT技术在农场中的应用，发展日本型“精准农业”。

（三）德国模式

德国带动农业信息服务发展主要依靠关键技术的开发和应用，而且，德国农业保护政策健全，联邦政府每年都有专项资金用于农业基本建设和农业补贴。

（四）印度模式

印度发挥其软件发展的优势，抢抓机遇，从农业信息需求入手，富有特色。

国外农业信息化也存在着个性差异。一是信息化建设模式不同，二是信息化建设的扶持方式不同，三是信息化建设的组织形式不同。

综合起来，国外农业信息化建设模式对我国，有以下启示。

1. 关于农业信息化主体的多元化和服务形式的多样化

农业生产经营者信息需求多样，需要多元化的信息服务主体提供多样化的信息服务内容。要通过国家政策引导支持、内外环境建设与保障，吸引社会力量参与到农业信息化建设中来。针对具有不同特性的信息产品，可考虑分别采用政府主导和投资、准市场机制、俱乐部形式和市场机制，以及与之相匹配的丰富的、个性化的服务措施和多样化的服务形式来实现。

2. 关于农业基础设施的信息化

可考虑借鉴他国农业信息化的经验，注重农业基础设施的信息化建设。如在信息化基础设施建设方面，将信息通信网络设施、基础信息资源开发、农业信息化应用软件开发并重；在农业基础设施的信息化方面，注重农田基本建设、农作物种子工程、畜禽工厂化饲养、农产品贮藏等设施的信息化。

3. 关于农业信息技术科研、教育和推广的结合

将农业信息技术的科研、教育、推广有机衔接，形成政府与涉农各界共同参与的多元化、多层次的信息服务格局，为农业信息化服务于农业经济发展实践的落地提供切实保障。通过多种途径和形式的传媒网络为农民经济活动主体获取农业知识、传播和推广实用技术、开展信息咨询服务提供手段和承载。

此外，农业信息化是涉及多部门、多领域、多行业、多学科的系统工程，要重视发挥政府的作用。同时，还要建立健全

农业信息化法制建设，依法保证信息网络的高效畅通和涉农信息的真实与安全。

八、农产品电子商务发展的相关政策

鉴于农产品在国民经济和“三农”问题中的重要作用，国家多次出台支持农产品流通的支持政策。

2012 年 1 月，国务院办公厅印发了《关于加强鲜活农产品流通体系建设的意见》，提出了加强鲜活农产品流通体系建设的主要目标，进一步明确了重点任务和相关保障措施，这是今后一个时期推动鲜活农产品流通体系建设的政策指导文件。

近年来，商务部推广农超对接、农批对接、农工对接、农社对接、农餐对接等多种形式的产销对接形式，实施农产品现代流通综合试点。此外，还开展了“南菜北运”和“西果东送”试点。

2012 年 12 月 19 日，商务部出台了《关于加快推进鲜活农产品流通创新的指导意见》，明确提出加强交易创新，引导鲜活农产品经销商转变交易习惯，鼓励利用互联网、物联网等现代信息技术，发展线上线下相结合的鲜活农产品网上批发和网上零售，发挥网上交易少环节、低成本、高效率的优势，激发传统农产品流通企业创新转型，形成以农批对接为主体、农超对接为方向、直销直供为补充、网上交易为探索的多种产销衔接的流通格局。

党的十八大指出，要坚持走中国特色新型工业化、信息化、城镇化、农业现代化道路。“新四化”中，信息化、城镇化、农业现代化都和农业密切相关。

以上一系列政策措施都对农产品电子商务是利好消息，从宏观环境上，农产品电子商务具备了爆发式增长的基础。

第四章　农产品电子商务发展中存在的问题

第一节　制约农产品电子商务成长的因素

在电子商务洪流几乎冲击一切商品领域的今天，农产品像水中顽石般兀自挺立。一方面，背靠产值达数万亿元的第一产业，农产品电子商务的前景值得期待；另一方面，即便是阿里巴巴、京东、1 号店这样的电子商务巨头，在农产品领域的发展依然艰难。目前，农产品电子商务发展主要面临五大难题，即发展迅速但比重较小、标准化制约大规模流通、缺乏较好的电子商务模式、物流成本高昂、较低的客单价赚了吆喝不赚钱。

一、整体规模偏小

农产品电子商务近年来发展快速。阿里巴巴集团研究中心发布的《农产品电子商务白皮书》显示，淘宝网 2010 年涉及农产品的类目完成销售额 37.35 亿元，2011 年攀升至 113.66 亿元。2012 年，淘宝网增加了茶叶和生鲜水产两个大类目，销售额达到了 198.61 亿元。2013 年，阿里平台上农产品销售继续保持快速增长，同比增幅达到 112.15%，对应交易额约为 421.3 亿元。截至 2013 年年底，淘宝网经营农产品的卖家数量达到 39.4 万个。

淘宝在农产品电子商务所取得的成绩是整个行业迅猛发展的缩影。除淘宝外，中粮、京东、顺丰等不同领域巨头都在积极布局这一领域：中粮集团旗下的我买网于2011年开通生鲜频道，顺丰速运2012年跨界上线的电子商务平台顺丰优选也以生鲜农产品为主，1号店、苏宁易购等电子商务巨头也在2013年涉足生鲜电子商务领域。

据统计，目前全国涉农电子商务平台已超过3万家，其中，农产品电子商务平台已达3 000家。随着2014年中央“一号文件”首次提出“加强农产品电子商务平台建设”，业界预期农产品电子商务将在2014年得到快速发展。

尽管发展迅猛，不过身处体量日益庞大的电子商务行业，农产品电子商务所占的比例还很小。作为国内电子商务标杆的淘宝网，2013年完成农产品交易额约421.3亿元，这个数字在淘宝高达万亿的年交易额面前显得十分渺小。2013年仅“双11”当天，淘宝的交易额就达到350.19亿元。

根据国家统计局初步核算结果，2013年我国GDP达到56万亿元，其中，农林牧渔业总产值是5.7万亿元。而据业内人士分析，目前农产品的网购渗透率仅仅在2%左右，相比服装、3C产品（计算机、通信、消费类电子产品，也称“信息家电”）等将近20%的渗透率，行业前景巨大。

二、标准化制约大规模流通

标准化是商品能够在电子商务市场上大规模流通的必要前提之一，目前农产品面临的首要问题就是标准化。

我国农产品标准化水平程度不一。关系国计民生的大宗农产品，如面粉、玉米、棉花、菜籽等，经过了几十年发展，大多已经形成了工业化流通的标准体系，但蔬果、鲜肉、海鲜等大多数农产品，目前仍以非标准化的状态存在，难以在电子商务平台上形成规模流通。

作为非标准品，一些农产品的采购、物流、销售等环节，与目前成熟的标准品电子商务业务完全不同。“中华新农人联盟”发起人、农产品电子商务研究者魏国峰认为，在供应链的前端，农产品源头货源不具备规模化，商品标准化程度低。多数产品没有品牌化运营的基础，从而无法进行系统的包装和营销，不能满足流通市场的需求。

网上卖的农产品是需要经过标准体系认证的，有认证才能销售，如绿色标准、有机标准等，这是电子商务市场的流通规则，也是硬性门槛。然而现实是，大部分国内的农业生产者都是小农户，他们没有这个意识去给自家生产的农产品做质量认证的背书。有的农户有这样的意识，但要么被高昂的认证成本吓退，要么找不到简单易得的认证途径，因而无法实现认证。

国内农产品的标准化问题，导致了“外国的月亮比较圆”现象在行业内屡屡上演。2013 年，天猫预售的美国车厘子，13 天订单额就达 1 500万元，预售的阿拉斯加野生海产也获得消费者的热情追捧，这些产品都来自国外。

由于发达国家农业现代化、集约化程度高，加上良好的食品安全信誉度，各大电子商务网站在拓展生鲜品类时，首先会考虑引进国外的农产品来增加用户黏性。

三、缺乏较好的电子商务模式

在供应链的前端，农产品标准化程度低成为流通的首要问题。而在供应链中端，单一农户又难以形成规模化的货源，缺少既懂农业又懂电子商务的专业人才和服务机构对货源进行组织。

小农户怎样才能让自己种出来的东西走进电子商务渠道呢?在货源和渠道的两端，需要一根管道进行撮合连接。

遂昌农产品电子商务模式

在浙江省丽水市遂昌县，有一个样本或许具有参考意义。成立于2011年的遂网电子商务公司，隶属于遂昌县网店协会，如今已经成为农产品电子商务业内小有名气的综合服务商。遂昌县有着优越的自然环境和丰富的农特产品资源，遂昌的冬笋曾在央视纪录片《舌尖上的中国》第一集中被播出介绍。遂网公司成立的目的是为了整合资源，集中采购、发货、品质控制、仓储，打通产品和销售之间的通道。据介绍，遂网公司搭建的麦特龙分销平台，将县域内各个合作社的优质农产品做成产品包放到平台上，而后将信息发布给有合作关系的网商会员以供他们销售，麦特龙负责统一配送和物流。

目前，遂昌县网店协会拥有1 600多网商会员，200多家网货供应商，10多家包括物流、快递、银行等在内的第三方服务商。同时，遂网公司还会给农民提供种植规划、产品标准、包装设计、溯源体系，公司有团队每日跟进，帮助农民让所种的产品更好地符合市场口味。“农民什么都不用管，只需按要求把东西种出来就可以了。”

遂昌的农产品电子商务模式解决了两方面的需求：种出来的东西能卖掉，这是农民的需求；收购来的东西能在市场上有竞争力，这是电子商务的需求。实现了专业的人做专业的事，让农民回归种植、养殖，让开网店的人回归到店铺运营。

四、高昂的物流成本

目前，农产品电子商务中比较成熟的类目，如坚果干货、零食等，由于门槛较低，竞争激烈。而被认为是“蓝海”的生鲜电子商务，在遭遇前端货源问题的同时，还要面对高昂的物流成本。

干线物流和末端配送是生鲜农产品流通中绕不开的重要环节。由于生鲜农产品的独特性，在配送过程中，冷库自然必不可少，同时还必须要有冷藏加冷冻的混合配送车辆，以及冷藏周转箱及恒温设备。否则，再好的商品送到消费者那里都会成问题商品。

我国的冷链运输水平较发达国家仍有差距。据统计，目前国内仅有7万多辆冷藏车，平均2万人有一辆，而日本是15万辆左右，美国是25万辆左右，平均800~1 200人就拥有一辆冷藏车。中国物流与采购联合会冷链物流专业委员会秘书长秦玉鸣曾表示，要接近发达国家的冷链运输水平，国内至少需要60万辆冷藏车。

现状显示了我国冷链基础配套薄弱。由于缺乏满足自身配送要求且保证服务质量的第三方物流公司，大多数生鲜B2C网站采取了自建物流的策略，也就是所谓的“电配一体化”。

“沱沱工社”、“顺丰优选”等业内领先的生鲜电子商务平台都是自建物流的践行者。不过，自建物流随之而来的问题是，一旦规模扩张，开展跨区域经营，势必加重物流建设成本。一个冷库的建造成本从几百万元到上千万元不等，投入较高但辐射区域有限。此外，冷库的运营成本也非常高，一个1 000平方米的冷库一年的电费就要100万元左右。

对电子商务平台来说，与第三方物流公司合作或许是一种划算的方式。冷链的投入不是一般的农产品电子商务企业能够做得好的，社会化、专业化的冷链物流队伍成为整个农产品电子商务急需的资源。

生鲜电子商务的核心就是物流，降低损耗率，提高配送体验，控制物流成本。生鲜电子商务很有前景，但是必然经历艰难的过程。

五、较低的客单价

客单价（每位顾客平均购买商品金额）是生鲜农产品电子商务的痛点。大众水果、蔬菜、禽蛋、肉食这些产品，本身的价格就比较低，加上产品附加值不高，导致客单价较低，盈利能力不强，这是多数生鲜电子商务难以逾越的门槛。而高端生鲜市场，能够相应地提高客单价，但受众却很少。

数据显示，目前生鲜电子商务客单价如果低于200元，抵扣物流成本和流通损耗后，将是一笔亏本的买卖，另一方面，过高的客单价又会打击消费者的购买热情。

目前，部分农产品电子商务的定位还比较高端。有机农产品的价格本来就高，加上物流成本，更是推高了客单价。由于市场还处在培育阶段，如果有一些资本进来，就像当初淘宝、京东这些电子商务巨头刚成立时那样，初期不以盈利为目的，而多去刺激消费者的需求，就能把市场建立起来。

六、农产品农户生产与市场销售的对接困难

近年来，随着中国农业逐步产业化，优质农产品的产销问题成为新的关注点。如何根据消费需求开拓更广阔的市场，如何突破农产品销售的物流瓶颈成为农业电子商务发展不可回避的大问题。传统的农产品尤其是许多特色农产品大部分局限在产地周边，进入大市场和大流通的渠道出现脱节。所以，如何拓宽农产品的销售渠道、实现生产基地和消费市场的对接，将是发展的重点。

实现农产品农户生产与市场销售的有效对接是长期困扰农业发展的重要课题之一。纵观关于农业的电子商务研究，无论是政府主导型的 G2B 与 G2C 模式，还是涉农营销企业为主体的 B2B、B2C 或 B2B2C 模式，目的都是实现两个市场的对接，即产品市场和消费市场的对接，就是所谓的 M2M（Marketing to Marketing）模式，这里面的 Marketing 更多的强调了营销机构间的互动交流、实现对接。无论是农业种植户还是一些规模化的种植基地，都存在着一个问题，如何抽出精力来了解行情、关注价格、发现市场和销售产品。而作为另一个 Marketing，主要是消费端的反馈和调整。随着信息化进程的不断推进，通过电子商务的方式建立能适应大市场信息传递和交换需要的现代农产品产销市场服务体系已经成为农业发展的现实选择。

信息流的不通畅，必然导致其他流通出现问题，才会导致“菜农低价卖不出，市民消费高价菜”的奇怪现象。因此，如果采用“农产品经纪人 + 服务站 + 网站”的运营模式，企业或者个人将产品委托给一个营销机构或个人（中间代理人），营销机构或者中间代理人通过信息共享模式，互动匹配交易。营销机构是电子商务网站以客户需求为核心建立的营销型站点，中间代理人可以与营销机构建立合作关系，通过线上和线下多种渠道对产品和服务进行推广，通过站点为企业提供重要营销渠道。

信息流的问题如果能够解决，将对农产品的流通提供重要的参考坐标。简单说，如果在全国以省、市、县为单位，在县内建立 10 个以上的信息服务站，农业经纪人将信息上传于当地的信息服务站，整合当地的农业信息，在买卖双方交易后收取少量的佣金为收益。这对于盘活农产品的电子商务具有一定的参考价值。此外，为使电子商务更好更快地发展，加强农产品电子商务的标准化和品牌化建设迫在眉睫。农产品电子商务发展，任重而道远。

第二节　发展农产品电子商务面临的挑战

农产品电子商务面临挑战

以现货交易为主的农产品网络交易平台上海五鑫农产品交易网上线前试运营了一个月，成交额仅4 000万元。按照企业收取千分之六的中介费算，仅入账24万元。而该公司已经为此项目投入了1.56亿元，如果持续维持这样的效益，企业资金很难支撑太久。

目前，我国农产品传统交易渠道复杂，环节繁多，流通成本过高。按照目前的流通渠道，以蔬菜为例，蔬菜从农户或合作社出发，经过各地收购商、大型农产品产地市场、产地批发商、销地批发市场、销地经销商，走一圈到达消费者手中时，价格至少比农户出售时翻了一番。

而通过农产品网络交易平台可以省掉大量中间渠道，实现从合作社到终端销售市场的直接对接，通过网络交易平台可使农产品价格至少下降30%。同时，平台还有优化农产品资源配置、节省农产品物流费用等优点。

事实上，国内仍鲜有做大做成功的农产品电子商务平台。业内人士表示，多家农产品电子商务公司“前仆后继”的背后，凸显出产业发展困境重重。农产品电子商务要想成功尚需跨越“三座大山”。

一、标准化难题

农产品标准化是农产品电子商务的重点和难点，无法标准化就很难实现线上交易。虽然电子商务是大趋势，但是，农产品标准化的道路漫长且艰难。

二、农产品质量管控

农产品质量管控也是横亘在农产品交易平台面前的一大难题。作为食品安全第一责任人，电子商务平台必须控制好网上所售农产品的质量安全，一旦平台做大，企业就必须要投入大量精力保障食品安全。

三、农户与消费者对接

如何将多而散的农户以及消费者对接好也是一大难题，虽然目前国内已经有部分农业合作社等形式，但是，超过七成以上的农产品仍由散户提供，而消费市场上最末端的消费者也是数量庞大且分散，如何对接好需求两端是一大难题。

四、传统的 B2C 思维

这是很大的一个误区，很多电子商务平台认为一个线上 B2C 平台，通过导流量，客户就会到线上购物了，其实错了！农产品电子商务千万不能以传统的 B2C 思维去运作，那样做绝对是死路一条。顾客买的不仅仅是产品，还是健康生活，因此农产品电子商务需要让消费者从商品背后的故事、种植基地、采摘体验、物流体验、可追溯、供应链可视化等维度全程展现，所以用传统 B2C 的思维来运作农产品电子商务是致命的。

五、目标人群定义偏离、营销策略走弯路

农产品电子商务如何产生流量是大家都关注的问题，需求上讲，这个市场还属于培育期。目前，农产品电子商务的目标人群以都市女性白领为主，有追求健康生活和互联网购物的需

求，此外还有时间成本过高的“高富帅”。如果非要将目标锁定在“屌丝”，满足那些“二两瘦肉＋两颗白菜＋三根蒜苗”的需求，那注定就是一个结果：累死、亏死。很多农产品电子商务满地撒广告，把所有人都锁定在内，那绝对是跑偏了！所以，如何实现目标客户的精准营销，是个农产品电子商务思考的大问题。

六、会“电”不会“商”

“基地整合＋营销＋流量＋交易＋供应链服务＋口碑营销”，这个闭环是农产品电子商务缺一不可的。当前不少农产品电子商务存在重大的经营管理误区，认为工作中心在“营销＋流量＋交易”三项，仅重视“电”而忽视了“商”。其实真正要实现盈利，关键在“商”，农产品电子商务后端服务的角色没有做好，前端的营销、流量都只能是噱头。

七、缺乏一体化的采购基地整合

忽视对基地的整合是当前农产品电子商务面临的问题，很多农产品电子商务仅仅是以定向采购方式与基地合作，谈不上打造什么战略协同的供求关系。以市场导向来指导基地有计划地种植产品，在国内还仅仅是一种远景。

采购基地的整合，其商业价值不仅仅是质量的保证，更是品牌化、集约化采购和需求协同的重要方式，是降低成本、降低风险、获得利润的重要手段。

八、抓住农产品电子商务新的机遇

2013年，是电子商务高速发展的一年。调查统计，我国电子商务市场已名列全球第二。预计2015年，我国电子商务市场规模有望超过美国成为世界第一。电子商务已在深刻改变着各行各业。作为立国之本的农业正悄然发生着变化，农产品电子商务成为营销新模式。

电子商务的发展，给农业、农产品流通等带来诸多变革：网络信息共享缓解了信息的不对称；电子商务的两端直接联系着产地和销地，减少了流通环节，降低了流通成本；在资金上，在线支付功能也有助于农户实现资金的快速回收和周转。

电子商务的介入，引领着农业向专业化、市场化、标准化、品牌化迅速转变，很多农业企业领导者也在思考：随着农业企业的不断壮大，如何把握营销新机遇才能使农业焕发出新的生机？

（一）农业+电子商务：科技融合推动产业变革

电子商务渠道推动着农业产业链的发展。很多人会觉得农业、农产品比较土，缺乏时尚感，不够高大上。电子商务却神奇地将农业与高科技紧密结合，让农产品变得时尚，让农业企业变得更有魅力，这也是企业价值的体现。

电子商务的发展，让农业与科技有了更多融合，它推动了农业产业链的发展和变革。在电子商务发展时代，能洞察消费者需求、注重大众的口碑，站在产品及品质的立场上去打动消费者，这样的产品想不火都很难。

（二）有效融合线上线下，打造未来农业新模式

农产品有很强的地域性，结合不同地区的自然环境以及生产方式，产品具有差异化，这也是农产品的魅力所在。

农业是最适合O2O（Online to Online）的电子商务模式的行业，将线下商务机会与互联网有机结合，线上建立新的流通体系，打造“农产品在线交易平台+实体店”模式。线下则通过

实体店提供购买和流通交易对接，这也是农业实行 O2O 模式的创新和特色，将为实现全渠道 O2O 模式的农产品流通提供典型范例。

O2O 模式对于农产品营销来讲提供了很好的解决思路，农业企业只要强化产品在线平台服务和交易功能，构建完善实体店，保持线上线下的融合互通，就必将迎来全新的发展机遇。

第五章　电子商务平台的搭建

第一节　电子商务逐渐走向了手机移动终端

随着智能手机的价格迅速下降，智能手机在中国迅速普及，据统计，现在各大网站的访问量中来自移动终端的已经占据了70%以上。所以我们在推进农产品电子商务的发展中不能不考虑移动互联网对电子商务的影响。

有人说手机上网屏幕太小，不方便，这种看法比较片面。移动互联网和传统的PC机为访问方式的传统互联网相比不仅仅是屏幕缩小这个区别，移动互联网的很多特点实际上给互联网带来了翻天覆地的变化，以智能手机为代表的移动互联网的如下一些特点非常适合农产品电子商务的发展。

一、智能手机比PC机价格更便宜

随着我国“中华酷联”加上小米等几大手机厂商的激烈竞争，我国智能手机的价格迅速下降，现在购买一部性能优越主流配置的智能手机大约只要千元左右，而买一台电脑一般需要3 000元左右。即使在部分经济比较困难的农村地区购买一台智能手机也算不上一笔大开支，所以智能手机在农村的普及也非常迅速。现在在中国新购置的手机几乎全部是智能手机。

二、智能手机输入文字更方便

智能手机在文字输入方面比 PC 机更灵活，据我们在农村调查发现，很多中老年人由于受教育的水平较低，无法在 PC 机上学会文字输入，因为他们学不会五笔字型等需要学习的输入法。长期的农村生活，他们的普通话也不标准，拼音也全部忘光，所以也无法使用拼音输入法，但是，这些人却可以利用手机的手写或者笔画输入在智能手机上进行流利的表达。而且现在用户在网上交流时即使不会输入文字，也可以通过发送声音的方式进行交流。极大方便了文化水平较低的人使用互联网。

三、智能手机使用更方便，交流更顺畅

智能手机体积小，方便携带，随时随地够可以访问网络，农民朋友在田间地头就可以及时的获取和发布信息，这对于提高农产品销售的时效性有很大的好处。而且智能手机都有拍照和摄像功能，农民朋友在互联网上发布信息或者与他人交互信息时，可以非常直观地展示自己的农产品。

四、智能手机可以充分利用碎片化的时间

现在各大网站都开发了相应的手机 APP 功能，例如有针对淘宝卖家的牵牛，方便用户交流的微信和 QQ 等，可以实时发布供求信息的 58 同城和赶集网等，这些 APP 在手机里面常驻运行，在有信息到达时可以及时提醒用户，用户不需要守在电脑旁边，对用户的其他工作基本不会造成影响。用户可以利用碎片化的时间完成一些相关的互联网信息的处理，又不需要干扰自己的正常工作，极大节约了人力成本。

综上所述，智能手机这个终端天然地适合农民这样的生产

流动群体。现在，连阿里巴巴都在研发淘宝卖家手机，也充分说明了市场对移动商务终端的期待和需求。农产品的独特性要求移动终端的功能强大、使用便捷，通过移动商务终端，可以直接实现农产品的实时信息发布，包括产品描述、产品图片、供求概况以及合作社介绍、联系方式等信息的全方位发布，卖家和买家可以通过语音输入和地图定位，直接查询到最近最新的农产品供求信息。

手机的普及可以直接实现手机对手机的端对端连接，包括数据库的建设以及产品库的发布和推广，都可以帮助农民有效解决不愿意使用电脑和不愿意束缚在电脑旁的根本问题。所有的买卖和信息发布都可以通过手机来实现，这本身就是对现有电子商务模式的根本性变革。以往通过注册各种互联网网站发布信息，网站与网站之间天然的商业保护壁垒让农民疲于应付。各种网络平台的孤岛效应让农产品生产者不厌其烦的同时，也使各家网站的发展渐入瓶颈。

移动商务端的发布给农产品电子商务发展带来了新变化，但也应该看到，针对农产品的网络化、电子商务化，最大的困难依然是如何更为专业更为高效地发布信息，农业从业人员在信息的完整性、科学性发布上依然不得要领，包括对农产品特殊卖点的提炼，农产品在线展示的摄录要领，发布时间节点和发布频率，都需要继续进行帮助和扶持。工具不代表一切，抛掉一根网线一台电脑，依然有很多的工作要做。在这方面，政府可以扶持，企业可以帮助，无论是通过培训还是在线学习，最终帮助农民实现移动商务端的熟练应用，对农产品的网络销售和交易产生真真切切的效益，依然有一段路要走。

移动互联网的普及，智能手机的大众化，对农产品电子商务是一次难得的发展机遇，建立和完善新的农产品网络渠道，并开展围绕网络渠道的一系列服务，才是电子商务服务企业需要努力的方向。

当然，移动互联网也有其不足之处，智能手机的对信息处理能力也不如 PC 机那么强大，通过智能手机发布到网上的图片或者视频还略显粗糙。如果想更加精美的专业化展示自己的农产品智能手机还不能满足这个要求。

第二节　电子商务平台可解决农产品流通中的难题

2014 年中央“一号文件”第十三条提出要“加强农产品电子商务平台建设”。这是继 2010 年和 2012 年后，中央“一号文件”再次涉及农产品电子商务并进一步做出明确部署，有着深刻的意义。农产品电子商务的发展是一场全新的革命，为解决我国农产品流通领域长期存在的多种问题提供了新的契机。

一、解决流通环节过多的问题

流通环节过多、流通成本居高不下是我国农产品产销过程中的一大痼疾。农产品流通环节从在农村一线收购的经纪人和商贩，到库存商和物流商，再到批发市场分销零售商，都需层层加价，而且有越往后加价幅度越高的趋势，零售环节“最后一公里”的问题尤为突出。农产品从田间地头到消费者手中，价格可能翻了好几倍，不仅吞食了生产者和消费者的利益，还使得农产品流通看起来像是一个暴利行业。但深入观察农产品流通各环节，除了零售摊位和货架具有自然的稀缺特性外，整个过程并没有明显的垄断，局外人完全可以自由进入。所以农产品流通的问题，主要还是由我国农业经营的特点导致的，即我国小规模的农业生产与消费市场的对接存在难度。即使是当前受到理论界普遍推崇的“农超对接”，也存在超市进场费用高、货款回收慢等弊病，并未很好地解决小农户与大市场的对接难题。

农产品电子商务的出现，为解决这一问题提供了希望。因为通过电子商务平台可以以较低的成本将小农户分散生产的产品聚集起来，这种聚集并不需要实物的移动，而只需将农户的出售信息汇总起来就能达到效果。如果进一步展望，当农产品电子商务高度发达时，还可以实现类似淘宝这样 C2C 的模式，即由农户直接向消费者发货，跨过前述农产品流通的诸多中间环节，当然这需要完善的物流体系来支撑，尤其是生鲜产品需要冷链物流的支撑。总的来说，电子商务可以大大缩减农产品流通的中间环节。

二、解决价格过度波动问题

近年来，农产品价格的大幅波动受到了社会各界的热切关注，还催生了“蒜你狠”、“姜你军”、“逗你玩”等一系列新词。农产品价格波动大，其中一个原因是供给反应存在滞后，农户根据价格上涨或下跌决定扩大或缩减生产，但农作物的生长还需要一个自然周期。更重要的是，前面提及的流通环节过多还会导致价格信号失真。如在零售环节，消费者付出的价格已经很高了，但经过中间环节的层层过滤之后，在农户那里出售的价格可能并不高，影响了农户扩大生产的积极性；或者在农户那里售价已经很低，甚至宁可烂在地里也不去采收，但经过多道中间环节后，零售价却并不低，打消了消费者增加购买的意愿。

农产品电子商务的发展可以在很大程度上解决价格信号失

真的问题。除了缩减农产品流通环节外，电子商务平台还可实现每一笔交易详情全程公开，农户和消费者都可以明白地看到最初收购到最终零售每一个环节的价格，从而使市场中各类主体可以及时准确地决策，充分发挥价格信号的引导作用，最终减缓农产品价格的波动。

三、解决农产品质量安全问题

农产品质量安全是当前又一备受关注的热点问题。近年被媒体曝光的“毒生姜”、“毒韭菜”等食品质量安全事件，一定程度上已引起了消费者的恐慌。但由于劣质农产品的危害具有隐蔽性、累积性等特点，这个问题解决起来难度很大。从理论上看，解决质量安全问题最好的办法是由生产者提供具有显示性的质量安全信号，主要有创建品牌和建立质量可追溯体系两种办法。但对于我国分散经营的小农户来说，创建品牌和建立可追溯体系都很难实现，所以农产品质量安全成了一个老大难的问题。

农产品电子商务平台的发展为解决质量安全问题提供了全新的契机。首先，电子商务具有低成本的聚集效果，能在农户分散生产的情况下实现建立统一的品牌及可追溯体系，并且电子商务本身具有交易过程可查询、可追溯的特点，有助于强化质量信号。其次，电子交易可以方便地进行质量细分，在网上实行区别报价，通过“优质优价”的原则鼓励农户生产优质农产品。最后，电子商务平台还可建立客户打分、评论等互动机制，最终通过大数据技术实现对原本隐蔽的农产品质量的挖掘和显示。

易额达到839.33亿元。

五、各类农产品网络零售模式

2013年，生鲜农产品电子商务得到迅速发展，生鲜农产品成为第四大类网上热销产品。如淘宝注册地在农村（含县）的网店达到203.9万个，比上年增长24.9%，交易额超过500亿元。京东生鲜农产品网络零售交易额超过100亿元。

第五节 当前农业类网站建设存在的问题

互联网的发展对农产品销售体系产生了巨大冲击。联兴农开展的农情调查发现，大部分农业生产者和合作社群体对农产品电子商务的认识有误区，认为家里有台电脑，能上网发布自己的农产品信息，偶尔接到几个客户的电话，就算是实现了电子商务。农产品发展需要电子商务的推动，现在的农业类网络环境究竟怎样呢？

一、农民信息资源占用少，农产品信息普遍存在小、散、乱现象

网络营销的概念深入人心，无论是土特产还是有机蔬菜，在网上发布的信息是一波接着一波，这是好事。但也要看到，现在的农产品信息普遍存在着小、散、乱的问题。据初步统计，当前的农业类相关网站数量已经超过了4万家，其中，政府主持的超过4 000家。但研究发现，这些网站有43.8%属于僵尸站，几乎没有信息更新。还有一部分信息是利用采集器发布的，同一时间可以更新上千条供求信息，这些信息与其他网站雷同，

有效的的信息并不多，反而增加了农民获取有用信息的难度。

二、网站良莠不齐，规模化程度低，缺少门户网站、精品网站

我国农业网站数量多，但缺少居行业领导地位的权威网站。农业网站各自为战，难以形成精品和规模。我国农业网站虽然发展迅猛，但网站总体规模显然满足不了我国农业和农村经济发展的需要。现有农业网站页面复杂，使得互联网水平不高的农民搜索新闻困难；农业网站互动性不强，用户的参与渠道尚不够健全，缺少农民与网站信息发布人员、农民与专家之间的互动。网站只是相应机构的信息发布平台，没有形成以为客户为中心、以服务为宗旨的网站平台。

在现有的农业网站中，几乎没有一家农业网站具备类似“新浪”等综合网站的社会知名度，能让农村干部、农业专家、农民朋友挂在嘴边的农业网站寥寥无几。

三、农产品发布过于注重产品，往往忽略了品牌和整体形象的打造

多数成功的农产品销售者不仅仅偏重产品，还注重对整体生产形象的塑造和传播。如利用大众的媒体手段，包括微博、微信、博客、新闻等形式，推出企业良好的生产环境和品质的特征描述以及其他有趣味的小故事，间接融入相关的优质信息。因为农产品的生产需要自然环境、人文地理方面的因素，是一个逐渐积累的过程。如果撇开这些，单纯强调生产地环境优美，配几张图片，达不到良好的效果，对农产品的优质形象也是一种伤害。正因为这样，才有那么多的特色农产品依旧默默无闻。

农产品网站要把客户当成真正的服务对象，进行全面的指

导而不仅仅是帮助发几条产品信息。农产品电子商务是一个系统的工程，没有深入的、踏踏实实的服务是不行的。农产品生产者希望更完整的网络渠道服务，不是发一两条信息、接一两通电话那么简单。随着网络逐渐走向手机终端，这是个全新的领域，对农产品而言，更容易直达终端，也给许多从事农产品电子商务的人提出了新的命题。

第六节　农产品电子商务的实践

一、前期准备

要进行农产品电子商务，要做好充足的前期准备。前期准备包括以下几方面的内容。

（一）确定农产品电商模式

在解决了卖什么的问题之后，就要考虑怎么卖和在哪里卖的问题。这就要选择是自建电商交易平台还是依托第三方交易平台，当前电子商务存在的 B2B、B2C、C2C 等不同模式，到底采用哪一种，是面对普通消费者还是集团客户、批发市场等。这些问题决定着接下来农产品电子商务的后续发展和运营。

（二）确定业务范围，即卖什么的问题

农产品电商最基础的还是农产品，没有产品就不能言商。在开展农产品电子商务之前，对于普通的卖家而言，就要确定自己将要卖什么。农产品种类多样，每一类对电子商务有着不同的要求，是做综合类还是做单一品类？是做农产还是生鲜或者坚果副食等，这些都需要在开始电商之前要考虑清楚的事情。

（三）电子商务的开办

在确定开展相关农产品电子商务之后，就要着手准备开办电子商务实践了。对于自建平台的电商而言，需要前期做好服务器网站、网络相关建设，对于依托第三方平台的电商卖家，也需要添置计算机、办理网络、做好平台申请注册认证等相关工作。此外，不论是对自建平台还是依托第三方，最重要的要保证货源稳定，保障农产品电商的供货能力。

以阿里巴巴平台为例，开展农产品电子商务的主要业务流程包括以下几方面。

（1）注册会员。通常电子商务平台需要卖家作为平台会员参与平台交易，因而需要先进行相关注册与认证。在阿里巴巴平台需要通过邮箱等用户名注册为会员之后，通过与银行卡绑定、实名认证等方式获取卖家资格。

（2）注册支付宝。阿里巴巴平台交易一般都用支付宝，需要实名认证。认证的方式主要有绑定银行卡认证，需要上传身份证扫描图，再办理任意一家银行的网上银行签约；或者直接办理建行的支付宝龙卡，即可认证和网银二合一。

（3）商品上架。根据自己商品存量信息提交至电商平台，并且标明商品的相关信息供消费者检索查询和参考，商品相关信息主要包括农产品自身属性和价格、物流等相关信息。在此过程中相对应的，需要做好实体货源的仓储工作，以便于在消费者购买的时候有货可发。

（4）接单。农产品商品上架电商平台之后会有消费者网购者浏览，当消费者被吸引或者产生购买需求之后下单，交易便产生了。而如何增加日客单量，这就需要在经营上下功夫。

（5）发货。在消费者下单并且完成付款之后，网店就需要根据消费者的具体购买要求及时发货。发货的过程中，要做好商品的包装以防止在运输过程中损害。

（6）收货与售后。在消费者通过物流收到商品之后，消费者会做出收货还是退换货的决定。当消费者确认收货后，消费者下单时打入支付宝的货款就会转入卖家账户，如果消费者对商品不满意而发起退换货，就需要及时和消费者沟通，按照退换货流程进行处理。

二、日常运营

建立起农产品电子商务业务之后，就需要对其日常运营进行有效管理。下面以淘宝平台分析电子商务的日常运营。以日订单量来划分，电商可以按照销量的多少分为五个阶段：0～1，10，100，1 000，10 000。整个行业呈金字塔状，最下层是数量众多的小卖家，上面是大卖家，这个发展阶段也体现在一个电商卖家成长历程。

（一）0～1 阶段

这个阶段是电商开始运营初期，从 0 到 1，从无到有的初创阶段。拥有更多的资本，只不过让你的起步高一点，并不能决定创业的成败。创业能否成功，资本不是决定作用，每个阶段都有决定他成败的关键。创业应该是一个从小到大都能自我强大的过程，就算有资本起点高，规模大，需要解决的问题没有解决，需要突破的天花板没有突破，最后只是惨淡收场。淘宝店开张了，一个店，三驾车，即市场、运营、产品。运营可以促销降价，有流量了，就能活了。流量决定生死。

（二）100 阶段

1. 流量

精准竞价（直通车，SEM）得到的红利流量是有限的，随着对流量不断的要求增多，ROI 开始进入亏损状态，流量获取方式上拓展到 CPC、CPM、CPS（淘宝上的直通车，钻展，淘宝客等可以归类为上面 3 种），同时增加其他流量渠道的获取，导航、SNS 能适当补充流量比例。

2. 运营

由于流量的增多，转化率比精准竞价时会有所下降，这时要保持或提高转化率就要再多练几手功夫，除了促销驱动外，还要增强产品的文案、内容挖掘和客服这三个功夫。客服要在回头率上花些心思，培训服务意识，提高购物体验。理顺营运，建立各种规范，形成系统。

在淘宝，这个阶段的运营基本都表现在页面上，可以来个一大抄，产品详情内页有很多方法增加转化率，在原来的图片加促销上，加上文案和内容挖掘会更好。在网站商城上，适合把精力花在增加信任度、购物流程和购物体验方面。

3. 产品

流量的成本增大，致使 ROI 的亏损，毛利下降，产品上除了采购，可以挑选一些出来定制加工，甚至全部代工，赚取更多的毛利补贴流量获取的亏损。

4. 仓储

这个阶段可以建立仓库，引入进销存管理。建立初期，注意成本。

5. 关键

这个阶段要注意两个问题，一个是运营跟不上，转化率下降，加上仓储成本，很容易造成有毛利无利润。一个是进销存管理不好，占用现金流。如果是负利润营运，利润就要靠库存周转率给挤点出来。负利润营运不会一下造成公司倒闭，杀手往往是现金断流。进销存成了关键。

一直活在红利流量的小卖家如果要升级到这个阶段，只要保持现金流不断，将迎来高速发展，并且很快会达到下一阶段(1 000阶段)。这时问题来了，如果一直停在红利流量阶段还可以赚钱赚得很舒服，而一进入了这个阶段，就停不下来了，直到碰到下一阶段的瓶颈决定生死。

(三) 1 000 阶段

1. 流量

随着加流量要求增多，流量获取成本越来越大，处于大亏损状态，流量做到了全网推广。可以与大型网站合作，各种推广策划可以分摊成本。

2. 运营

由于是流量成本加大，运营已经玩不出太多花样，差异化将是这个时期运营的法宝。差异化营销，差异化产品，差异化客服如此之类等等。同时差异化也是为品牌铺路。

3. 客服

这个阶段是问题最多的阶段，是补漏的阶段，是救火的阶段，这个阶段客服是重中之重，多个回路和供应链问题会反映到客服系统。

4. 产品

着手以后发展，在产品上就要考虑两个问题提前布置。一个是业务聚焦，可以建立自己的品牌，可以连贯生产链。一个是业务拓展，横向拓展，可以多品牌经营。纵向拓展，可以从小类目向大类目增加产品种类。

5. 关键

这个阶段是决定生死的阶段，很多电商是在这个阶段惨败收场。此阶段3个方面起了决定性作用。

第一，差异化。差异化是对付同行竞争的，发展到这个阶段，不遇到同行竞争的很少。对付同质化的产品，价格战是无奈的选择，就看谁能笑到最后。唯有求救于差异化和品牌。避开价格战，才能生存，得到高的毛利。

第二，回头率。如果没有差异化，对于新客获取成本已经大到把毛利吃得所剩无几的电商，再遇到同行的竞争，就会连最后一点利润都给吃完，基本上是负利润营运，只能把新客获取成本要分摊到回头率上。对于流量获取的预算，一般的做法是根据目标销量百分比来定，用流量要销量，这时是从前端到后端。保守的做法是根据回头率做预算，从后端反推到前端。

第三，供应链。没有差异化，回头率不给力，这时就要靠供应链了。供应链是拼成本、拼效率。这时看到前期对产品选择上的优势了，平均订单价、产品消费周期、进销存管理、库存周转率、生产链控制等等把毛利给挤出来，就不怕价格战了。

这个阶段容易面对一个两难问题，要销量还是要利润。因为这个阶段新客获取成本、竞争、价格战、仓储成本等问题容易造成负利润营运，销量越大，亏损越大。继续烧钱将加大亏损，不烧钱现金容易断流。烧是慢慢死，不烧是马上死。这时求助于风险投资或许可以争取到时间。淘宝上的商城，集市店很多已经挺过这个阶段，有自己的差异化，有自己的品牌，发展得比较好，已经形成了自己的核心竞争力。假设淘宝没有了，换一个其他的大流量平台也没有多大问题，至多就是早期流量获取成本大一些。

(四) 10 000 阶段

1. 流量

随着对流量的要求越多，ROI 已经接近 1∶1，网络流量的获取接近瓶颈，这时要增加流量只能向线下要，进军线下媒体。同时可以搞一些事件策划，再来补贴 ROI 的亏损。

2. 运营

这时运营已经玩不出什么新花样，优化，流程，系统，运营精细化。

3. 产品

根据品牌情况发展线下代理商，网上可以开设分销渠道。

4. 供应链

随着各种成本增加，仓储自动化能省下人力物力。根据情况决定是否自建物流。

5. 关键

这个阶段，各种成本的增加会成为关键，如客服仓储人力成本、运营成本、物流成本等等。可以争取风险投资。

前阶段，重点是流量，这决定了小卖家的利润。免费流量、直通车、爆款、活动等都是为了获得红利流量。对于小卖家来说，“轻电子，重商务”这句话就变得不合时宜。发展到中期，只要有钱，流量的获取不再是问题，重点从流量获取转到了运营和产品，三个关键是转化率、回头率、周转率。到后期，重心从运营上转到后端的供应链。差异化、品牌、成本、效率、资本成了关键。

第六章　农产品网络营销

上网销售农产品不是赶时髦，而是形势使然，这对销售农产品有巨大帮助。

第一节　我国消费结构的变化对网络营销的影响

促使农产品电子商务迅速发展的推动力还包括我国消费结构的巨大变化。网购越来越普及，以及消费者追求绿色健康食品的需求旺盛，加速了我国农产品电子商务的步伐。

一、网购行为越来越普及

根据中国互联网络信息中心（China Internet Network Information Center，CNNIC）发布的《第 33 次中国互联网络发展状况统计报告》，截至 2013 年 12 月底，中国网民数量达到 6.18 亿，互联网普及率为 45.8%。其中，农村网民规模为 1.77 亿，农村互联网普及率为 27.5%。

网购成为我国网民的最主要应用。截至 2014 年 12 月底，我国网络购物用户规模达到 3.02 亿，网民使用网络进行购物的比率（网民使用率）提升至 48.9%，相比 2013 年增加 6.0 个百分点。从 2012 年开始，网络购物的用户增长逐渐平稳，未来网购市场规模的发展，将不仅依托于用户规模的增长，还将依靠消费深度的不断提升来驱动。

二、消费者追求绿色健康

随着我国居民生活水平的不断提升，居民绿色消费需求也在不断增加。从国际上看，日本有91.6%的消费者对有机蔬菜感兴趣，77%的美国人和40%的欧洲人喜爱绿色食品。在中国国内市场，绿色食品也广受欢迎。一项对北京、上海两个城市的调查表明，超过80%的消费者宁肯花高价也愿意购买绿色食品。人们对无污染、安全的绿色食品的消费已成为一种时尚，尤其是食品安全屡屡暴露出问题后，人们的食品安全意识进一步增强，绿色食品渐成消费主流。

绿色消费需求的增加，也促进了相关农产品的在线销售。根据淘宝平台的数据，目前，山东和北京是网购蔬菜的两大输出省，总共占到整个蔬菜市场份额的61.7%。其中，北京占据第二名的主要原因就是京郊新建的大量生态农场。此外，由于蔬菜保鲜和运输的原因，网购交易中很大一部分来自同城或者同省。

数据显示，紫薯、鱼腥草、香椿等成为蔬菜热搜的关键词。令人意外的是，各类蔬菜的周销售额排行显示，消费者除了最喜欢购买萝卜、白菜之外，野菜高居网购蔬菜的第三位。有买家表示，4、5月正值吃野菜的好季节，野菜没有打过农药，以前只有去农家才能尝到，现在网上也能买了，非常方便。

第二节　网上销售农产品的优势

一、从根本上解决信息不对称问题

为什么要网上销售农产品？理由千条万条，首先的一条是它能从根本上解决农产品买卖双方信息不对称的难题。这个难题解决了，也就牵住了牛鼻子，其他许多问题也可以迎刃而解了。

（一）信息不对称使农民吃亏

长期以来，由于买卖双方信息不对称，农民吃尽了苦头。

2011 年 11 月，河南菜农韩红刚眼看滞销的萝卜就要烂掉，于心不忍，不得不把将近 50 万斤（1 斤 =500 克。全书同）萝卜免费送给消费者，被网友称为“萝卜哥”。而与此同时，黑龙江的五常大米最贵时卖到每斤 199 元，人称“天价大米”，可是这却与当地稻农无关，因为这些稻农把米卖给当地企业的价格还不到 2 元。

左看右看，无论农产品好销难销，农民总是横竖倒霉，关键在哪里呢？当然就是信息不畅、不对称了。

试想，如果是每家每户的常用食品，那每天都有大量的消费者需要购买。如果消费者知道韩红刚这里有大量的萝卜需要对外出售，并且质量、价格也合适，还用担心这些萝卜会卖不掉吗？

同样的道理，既然五常大米能卖出每斤 199 元的高价，就说明市场有这种需求。既然这样，这些消费者难道就不能直接从五常稻农手中直接购买吗？理论上说完全可行，而且有理。

因为当地稻农对外出售的大米的价格还不到每斤 2 元，即使加上物流费用也不会超过 3 元，这两者之间的差距不止是一点点，而是有几十倍！但现在，这些都与稻农无关。可是如果五常大米通过网上销售，就不可能产生这种交易，稻农和消费者就会双得益！

当然，上面所举的只是一个极端例子，各地农民和政府从来就没有放弃过为消除这种信息不对称而作出努力。只是在网络应用的基础上，他们找到了一条正确而直达希望的成功之路。

2013 年 1 月，在为期一个月的全国冬季农产品网上购销对接会上，山西省共成交奶牛、玉米、葵花籽、蔬菜、水果等 11 个品种的农产品共计 6 390万元，并且与省外商户达成意向销售额 1.16 亿元。

当时的背景是，山西农村的季节性农产品已大量上市，春节即将到来，为了避免因为农民缺乏市场信息而造成农产品滞销，国家商务部、山西省商务厅、市县商务局纷纷搜集信息，通过新农村商网进行供求信息配对，从中牵线搭桥。除了面向广大消费者之外，该次对接会还新增了超市采购专区，有 100 多家国内大中型超市参与其中，采购产品涉及 80 多个品种①。

这样的对接会就属于网上销售农产品的一部分，它在消除农产品销售信息不对称方面作出了重要努力，也收到了较好的效果，受到各方欢迎。

（二）鲜活商品需要抢时间

农产品中有相当一部分是鲜活商品，众所周知，鲜活商品

① 赵建军：《冬季农产品网上购销对接会山西成交 6 390.8万》，载《山西日报》，2013 年 2 月 6 日

要保鲜保活就必须抢时间。夸张一点说，有时候甚至需要争分夺秒，绝不允许在路途中耽搁太长时间，否则就会价值尽失。所以，鲜活商品的销售特别要求信息灵通。换句话说，充分的信息对称对生鲜农产品销售更为重要。而这就需要通过网上销售来掐准它们收获（捕捞）、包装、运输、到货的时间。

农民当然知道这个道理，可是在过去，在这方面上他们是心有余而力不足，因为所有流通渠道都不是你出售者个人所能控制的。而现在有了网上销售，这个问题就好办了。网上销售农产品，能把生鲜农产品的在途时间压缩到最低，这无论对生产者还是消费者来说都是从中得益的事。

所以在2012年年末，商务部发布了《关于加快推进鲜活农产品流通创新的指导意见》（全文见本书附录），提出要经过3至5年的发展，努力使得生鲜农产品流通创新环境得到进一步完善，流通环节进一步减少、成本明显降低、效率明显提高，生鲜农产品流通的现代化水平明显提升①。

要达到这一目标，办法就是改变现货农产品交易习惯，鼓励利用互联网、物联网等现代信息技术，发展线上线下相结合的生鲜农产品网上批发和零售。而在这其中，网络起到至关重要的连接作用。

（三）信息公开后一通百通

俗话说“阳光是最好的消毒剂”，这句话用在这里似乎也贴切。那就是说，农产品销售信息一旦完全公开，许多环节就会一通百通，甚至能完全解决销售难等问题。

前面已经提到，长期以来的农产品买难卖难问题，最主要

① 商务部：《鼓励鲜活农产品网上零售》，新华社，2012年12月19日

的原因是在于供求信息不对称，其次才是物流。而网上销售农产品的一大优势，就是能疏通这种供需信息流，解决双方的困扰。

2008 年，福建南安市康美镇兰田村党委书记潘春来，针对村民对村里财务不透明的抱怨，专门建立了“世纪之村”网站，把村里的每一笔收入与支出全都公开，同时，也少不了要发布一些相关的农村政务信息。因为村里经常有农产品剩余，所以他又在该网站上开辟了“农家店”板块，帮助村民推销农产品。

“世纪之村”一方面利用网络平台建立信息公开传递机制；另一方面在村里建立信息员制度，彻底解决了信息来源不畅的问题。

之所以这样说，是因为信息在网上一发布，大家就都能看得到。尤其是该网站覆盖全国 2 万多个行政村，这样的信息公开度委实不小。而至于后一个方面，它们的做法是，在农村、街道社区设立信息点，利用地缘优势发挥它们的信息中介作用。

设置这些信息点的标准是，要具备用于信息服务的固定场所和网络设备，要具备会操作的信息员、运营机制和服务制度。

不用说，在这其中的信息员既是信息发布者又是代购代销者，因此必须是当地居民，这样就大大提高了可信度。

为了能调动信息员的积极性，不至于使好制度流于形式，他们给每位信息员每月发放 1 000多元补贴，所以大家干起来都有信心、都上进，从而确保了这项制度能够得到顺利推进，为最终解决农民的农产品销售难问题助了一臂之力。

当地村民吴恢宏制作的麻油远近闻名，可是以前限于条件，只能出售给附近村民，或者到集市上去出售。自从建立了世纪之村后，信息员把他的供货信息发上了农家店，从此他就当起了“甩手掌柜”——每当从网上接到订单后，就把它交给物流公司对外发货，一切轻松得很。

据世纪之村副总经理陈建阳介绍，该网站是一个经营实体，盈余按生产者30%、经营者30%、消费者30%、“世纪之村”10%的比例分配，所以能够充分调动各方的积极性。该网站2011年每月成交额在2.1亿元左右，其中，农产品月交易额在七八千万元，覆盖全国2.1万个行政村①。

信息公开不仅可以为村委会所用，而且还可以被当作一项事业来做，利国利民，还能盈利。

二、网络营销有“救急”功能

为什么要网上销售农产品？有时候就是因为看中了它的“救急”功能。

尤其是在目前，农产品网上销售还不普及，情急之下的“网上一呼”有时候还真的能解决大问题。

在我国，网上销售农产品的这种“救急”作用，最早大约是从2001年的“救瓜帖”中呈现出来的。

江西抚州市腾桥乡是著名的西瓜之乡，但在2001年夏天却遇到了西瓜销售难题。面对近12万亩瓜田里的20万吨西瓜无法上市，多半不得不烂在地里，瓜农们辛辛苦苦一年劳作无法获得回报的命运，该镇党委书记情急之下在新华网上发了一封“救瓜帖”，结果引发了一场轰轰烈烈的“抢救腾桥西瓜”运动。

在2001年6月29日至8月24日近两个月的时间里，“腾桥西瓜”4个字在新华网上高频率出现，计有重要消息稿14篇，新华网首页刊登重要稿件80多篇次，并且还引发了一场从最初

① 李华、邱瑞贤：《世纪之村试水农村电商农产品，月交易额约八千万》，载《广州日报》，2012年1月11日

解决西瓜销售难到如何进行基层政府职能转变的大讨论。

其中，相关话题纷纷被人民网、央视国际、新浪网、搜狐网等30多家网站和全国近40家报刊转载，足见网络威力之大。

当然，这种威力不应仅仅体现在舆论上，对于农民来说，更希望看到的是实际销售效果。

果不其然，在帖文发出后的一个月内，当地政府就接到数以千计的来自全国各地的咨询电话和电子邮件，并且还引起中央相关部门和省内各级领导的高度重视。

针对即使外地客商下了订单，当地运输户也因担心机动车超载超限治理不敢上路、不愿意出车的问题，江西省交警总队特别发出通知，要求在治理违章超载中，不得查扣、劝返、卸货转运瓜果蔬菜等鲜活农副产品的运输车辆。

很快地，腾桥镇西瓜贩销大户手上就都拿到了省农民协会颁发的“绿色通道证”，并且还调动起了周边县市的运输力量来支援西瓜外运。最终，不仅顺利解决了腾桥西瓜的销售难，使腾桥西瓜被抢购一空，使得这块快要被人遗忘的招牌一时间又热闹起来，扩大了知名度，而且连周边乡镇的西瓜也变得好卖起来①。

轰轰烈烈的“救瓜帖”作为新生事物在当时轰动一时，无论是对网上销售农产品还是帮助当地的西瓜销售都起到了切切实实的推动作用，但与此同时我们也不得不承认，在信息相对闭塞的农村，这样的网络传播事件可遇而不可求，具有绝对的偶发性。

请设想一下，如果这封求助帖不是因为一个镇政府利用国

---

① 文桦、刘仁圣：《媒介事件在农村——新华网腾桥西瓜网上求助案例分析》，载《新闻大学》2003年第1期

家级网络媒体向外界求助在过去还没有先例，因而具有新闻价值；或者求助帖没有引起新华网的应有重视，最终被视而不见；或者新华网只是例行公事式地把它当作一条简单的新闻消息发布了事，没有向纵深发展；或者新华网背后的新华社没有在读者心目中产生权威性的合理联想……那么，这种立竿见影的效应恐怕根本就无法充分发挥出来。

能够为此作佐证的是，在这次事件过后不久的2004年，腾桥西瓜就再次面临销售难问题。当地每斤0.25元收购的腾桥西瓜运到武汉后，出售价格最高也只能达到0.26元，扣除运输成本、市场管理费后，亏损是必然的。有位瓜农去上海卖瓜，第一次就亏了6 400元，吓得他再也不敢出去卖瓜了[①]。可是这样也不行哪，无论卖与不卖，横竖都是亏钱，农民的生产和生活还怎么继续下去！

所以说，单靠个别的网络事件来推销农产品，前途未卜。要想真正见到长效，网上销售农产品在这方面的优势就要好得多。

正如前面所述，别说单凭个别网络事件来销售农产品了，即使网上销售农产品具有更多优势，也只能起“救急”作用。“狗咬人不是新闻，人咬狗才是新闻。”当网络事件乃至网上销售农产品的新闻效应不断递减时，这种促销作用也会相应减弱。

话虽这么说，但是当农产品销售遇到紧急情况时，不妨可以利用这种方式登高一呼试试看，说不定就能转危为安。

2006年6月，陕西兴平市正东村党支部书记武管社，通过该市农业信息中心把该村年产蘑菇1万吨的信息在农业部“一

---

① 王伟健、屠知力：《腾桥西瓜难卖，谁来号号脉》，载《人民日报·华东新闻》，2004年7月23日

站通”网站上发布后，他的手机就被打爆了，来自咸阳新阳光蔬菜批发市场、西安人人乐超市、胡家庙蔬菜批发市场等的销售商电话络绎不绝。每天下午三点到五点，前来村里拉运蘑菇的汽车接二连三，仅仅是西安胡家庙蔬菜批发市场的订购量一天就达50吨①。

2011年夏天，海南的香蕉种植面积高达87万亩，产量约为190万吨，其中40多万吨在7月集中上市。这样大批量的集中上市可是愁坏了蕉农，要知道，如果不能及时运出（卖出）去，这些香蕉就会烂在地里一文不值。

就在这时候，淘宝网急蕉民所急，率先发起了“聚蕉行动”，通过网上预售方式号召大家爱心团购，并且将活动的第一站设在杭州。7月8日，活动发起的当天，就有第一批团购的25吨香蕉从海南东方市发往杭州。

不用说，农产品滞销现象由来已久，并且还必将长期存在。在过去消息闭塞的背景下，农民对此简直是一筹莫展。而现在有了互联网，就有可能通过网上销售农产品的方式来很好地解决农产品滞销问题了。

例如，在重庆黔江区，当地政府就通过创建“武陵农社网”成功地将当地农产品融入全国大市场。

针对过去当地农业市场信息不畅、经常出现农产品因为供过于求而滞销的现象，当地专门创建了“特色农产品+电子商务传媒+经销商”的营销模式，建立了全区特色农产品数据库。

这一数据库对及时搜集、整理、发布农产品信息，在网上推荐特色农产品，帮助农民销售农产品起到了很大作用。

---

① 《兴平市2006年农产品网络营销促销典型案例》，陕西农业网，2007年5月27日

资料表明，自从2010年重庆市商业委员会开始重点打造新农村商网、重庆特产网、奇易网三大网络促销平台后，该市农产品的网上销售额在短短一年间就增加13亿元。据统计，共有1 500多家商户参加了网络平台对接会，促成12.4亿元农产品交易，各项指标综合排名位居全国第3位。

例如，重庆特产网从2011年1月中旬正式上线后，在短短半年时间里就处理网络订单1 881笔，网上交易额409万元；奇易网组织300多户农民实现在线销售农产品500多万元，带动线下农产品促销更是达到2 000多万元，在一定程度上缓解了特定时间段的农产品滞销问题。①

初看起来，这样的业绩似乎算不上十分突出，但要知道，这还只是这些农产品交易平台刚刚创建初期的数据。随着网站知名度的提高、参与人数的增多、农产品品种的丰富，业绩将会越来越好。再怎么说，这对解决当地农产品销售难问题总是有帮助的。

三、最容易搭准市场脉搏

为什么要网上销售农产品？因为在这里最容易搭准市场脉搏。市场经济条件下，一切经营行为都必须要尊重和服从市场规律才可能取得成功。可是，市场总是千变万化的，所以，这时候能否搭准市场脉搏乃至未雨绸缪就显得非常重要，这也是做任何事情能否取得成功的重要因素。

（一）农民致富最缺的是信息和技术

农民致富最缺的是信息和技术，而不是别的。不了解这一

① 肖扬：《电子商务助力农产品营销》，载《金融时报》，2011年7月25日。

点，就无法真正找到致富之门。

1998年，浙江衢州市市委书记茅临生在农村调研时，一位农民就对他说："我做梦都想富，就是不知道怎么富！"这大大出乎茅临生的意料。他原来以为农民最缺的是资金，即无法从银行贷到款，而实际上农民们提出的一个共同问题是，最缺少致富的信息和技术。

也就在同一年，上面来了一批农业专家，于是茅临生便把这些专家所住的招待所的电话全都公布给农民们，便于他们咨询。结果，打电话来咨询的人很多，专家们常常要忙到很晚。

见此情形，茅临生提议第二天下午专门组织一场现场答疑会。会上，农民们提出了许多问题，茅临生深受感触，于是提出要办一个"农技110"，便于农民有不懂的问题随时可以电话咨询；后来，在他的提议下该市又创办了一份农技信息报《农家乐》。

有一次，《农家乐》上刊出一条"把佛手嫁接在橘树上"的消息，之后许多农民都赶紧把报纸剪下来向专家咨询具体做法。

但显而易见，从报纸上剪下来的豆腐块不容易保存，于是茅临生在接下来的两个月内陆续尝试了电视、电话、报纸等各种传播手段。然后很快地又利用刚刚兴起的互联网办起了"农技110"网站，千方百计为农民提供各种有用信息。

不但如此，身为市委书记的他，还亲自在网站上发帖，请教用什么方法才能帮助农民把农副产品卖出去，如何才能吸引更多的人到衢州来旅游，怎样才能吸引到更多的来料加工生意……

就这样，一步步走过来，茅临生拥有了非常丰富的互联网知识，所以他才会在担任浙江省主管农业的副省长后，大张旗鼓地搞“农民信箱”网站，为全省农民带来真正的实惠。[①]

为什么要网上销售农产品？至此答案不是很清楚了吗？因为它能帮助农民及时了解市场行情，解决实际困难。

（二）学会发挥自身长处

在用互联网解决问题的同时，一定要结合自身实际发挥相应长处。每一个农民乃至农民企业都是不同的，没有现成的公式可套，即使对于同一条信息，不同的农民及农民企业对它的认知、判断及条件和机会的把握也可能截然不同。因此，只有发挥自身长处才能为我所用。

2011 年 12 月，重庆公路运输集团投资成立了香满园农产品电子交易平台，网上交易的农副产品涵盖水果、蔬菜、粮油、副食调味等八大类 1 000多个品种。消费者坐在家里，在该公司网站下单，就能在一天之内收到送上家门的水果。

乍一看，好像公路运输集团投资农产品网上交易有点不伦不类，但其实想一想是蛮有道理的。

公路运输集团的长处是什么？当然是长途跋涉搞运输啦！而网上销售农产品的一大瓶颈就是物流，所以，由公路运输集团来搞网上销售，首先就满足了电子商务对物流运输环节的基本要求。更不用说，该公司长期以来就以批发水果为主要业务，在农副产品销售方面积累了不少经验和渠道。两者结合，可谓相得益彰。

事实证明，这样做的确能使它很好地发挥长处。据该公司经理刘元章介绍，2012 年 1 月至 4 月，该平台就完成销售额 208 万元，其中多数订单在 100 元以上，此外还有不少企业是金额 1

---

① 李洋：《一位省长的互联网实验》，载《互联网周刊》，2007 年 4 月 23 日。

万元以上的团购。但他认为，即使如此，他们的水果网上销售还只是刚刚起步，因为当时他们的消费主力还主要集中在重庆渝中和南岸地区，而随着今后形势的发展、送货范围的扩大，生意必将越来越好。

尤其是后来他们发现了一个秘诀，那就是广告宣传。在过去，水果批发零售业主要是靠质量和口感来在群众间口口相传，宣传效果十分有限；与此同时，水果批发零售业的利润率又低，决定了经营者没有实力去大额度投放广告。可是不用说，广告的作用还是非常大的。

他们就曾经做过这方面的尝试，摸到了一些规律。2012 年 3 月他们在报纸上打了广告，结果当月的销售额就翻了一番；而 4 月份没有打广告，销售额就相对平淡了。今后如何在广告宣传方面提高产品知名度，他们觉得非常值得思考和尝试。

第三节　网上销售农产品是市场需要

电子商务兴起带来的局面是，一方面，农产品迫切需要借助网络平台打开市场；另一方面，电子商务平台也迫切需要扩大农产品销售的比重。说到底，这都是迎合市场需要的缘故。

更不用说，农产品家家户户都需要，销售面广量大，而且网上销售无欠账，还能拉动许多相关行业一起发展，实在是有利无弊。

一、网络市场发展迅猛

在过去，农产品尤其是生鲜农产品，一直是被认为最不适合网上销售的。虽然蔬果类农产品网上销售多年前就已经出现，但多是在有限的区域内默默发展，并没有能形成燎原之势。

可是2013年1月，优菜网创始人丁景涛因为农产品货源不稳定在微博上公开出售优菜网事件，以及阿里巴巴集团的涉农业务布局，把农产品网上销售一下子就推进了公众视线。

以阿里巴巴为例。继2012年淘宝网推出有机农业频道，打造生态农业服务链、天猫物流，部局农村网点、加大拓展三四线城市和农村市场后，阿里巴巴官方研究机构阿里研究院又在2013年1月发布的研究报告里明确透露了阿里集团的涉农业务布局。尤其是支付宝对网上销售农产品来说是一种很好的金融工具，更是对此起到了推波助澜的作用。

而从全国来看，与其他电子商务一样，网上销售农产品虽然从整体上看还只是刚刚起步，但崛起速度非常快。

关于这一点，从阿里巴巴网上的农产品交易额的迅猛增长速度中就能看出来：从2011年的113.66亿元增长到2012年的198.6亿元，年增长高达75%！而从横向看，198.6亿元还不到我国网络交易额2.24万亿元的1%，可见以后的发展空间还非常大。阿里巴巴集团研究中心的预测是，2013年阿里各平台的农产品销售额将达到500亿元，2014年有望达到1 000亿元。

面对这样的市场诱惑，还有谁能对网上销售农产品无动于衷？如果真是这样，那就无异于把市场白白拱手让给别人！

二、网上销售农产品潜力巨大

网上销售农产品的巨大潜力，还可以从横向比较中看到。

数据表明，全球另一个主要农业大国美国，2010年时有58%的农民拥有个人电脑并掌握上网技术，从事农产品网上销售的农民比例高达16%，农产品网络交易量占全国电子商务交易总量的8%。

美国2010年时的数据是8%，我国在3年后还不到1%，据此推算差不多相差10倍。换句话说就是，即使我国今后几年网上销售农产品的规模再扩大10倍，那也是不必感到惊讶的。

据新型农业研究专家介绍，在我国，不仅是淘宝系，他所了解到的从事农产品销售的电子商务企业应该在100家以上，其中98%以上都是B2C（即企业直接面向消费者个人销售）。从比重看，淘宝网上销售的农产品份额占整个农产品电子商务的70%左右。从发展势头看，2013年年初淘宝网（包括天猫）上经营农产品销售的网店数量为26万个，预计2013年年末会超过100万家，可见发展势头有多猛。

他分析说，从现状看，这里的B有两种，一种是平台运营商，主要是从其他行业转入农业的，看好的是农业的发展前景；另一种是自己拥有农场，虽然农场规模大小不一，从几十亩到几千亩不等，但他们需要通过网络来拓展市场，所以以自产自销为主。

网上销售农产品为什么会具有这么大的发展潜力呢？商务部特聘专家、北京工商大学教授洪涛认为，主要是由于现在已经没有了技术性障碍。其中，最突出的例子就是社区网上菜店的兴起，这在全国各地已经全面铺开并且开始盈利了。

换句话说就是说，是不是要选择在网上销售农产品，关键取决于每个人的认知，而不是其他。也就是说，如果你认识到有这种必要，就可以具体操作了，不存在其他障碍。

例如，开设在上海的甫田网，2012年的增长速度高达300%，每天的独立访客有1万人。更值得关注的是，这1万人中有80%是生活在上海的外国人和华裔，客源稳定、客单价高。

通俗地说，这些访客都是有实际购买需求的，会促成实实在在的销售，而不是过来“打酱油”①。

第四节　网上销售农产品的发展趋势

一、网上销售农产品的发展现状

有人也许会说，网上销售农产品的发展潜力真的像你说的这么好吗？这是当然。但同时又应当指出，潜力不等于现实。

在互联网迅速发展的今天，农村电子商务的发展速度还相对滞后，这也是应当承认的。究其原因，大体有以下3点。

一是农业生产集约化程度低，农村电子商务的参与主体规模相对较小，所以，经营成本过高，推广难度相对就大。

更何况，虽然我国农村的网络普及率已大大提高，但这方面的投入并不大，上网速度慢，更有绝大部分农民根本就不懂也不会这方面的技术。

二是部分农产品尤其是生鲜农产品的运输要求高，操作难度大。如果满足了保鲜要求，最终成本就会居高不下；如果要降低成本，就可能无法保证产品新鲜。这是一个两难问题。

最常见的是，小额农产品的物流成本比其本身价值还高，经济上划不来。因此导致了想卖卖不出，想买不敢买。

三是农产品利润率低，许多还仰仗着政府补贴，否则根本就入不敷出。而这样一来，就很难吸引到风险投资和风险资本的投入，又怎么能快速发展呢？

以新疆维吾尔自治区为例。据《新疆网商发展调研报告》

① 张衡：《线上渠道崛起，电商补齐短板发力农产品》，载《中国商报》，2013年1月21日

提供的数据，2012年全疆网上销售额在20亿元左右，只占同期社会消费品零售总额的1.1%。主流销售商品是特色农产品，如干果（红枣、核桃）、化妆品（海娜、熏衣草）等。数据中有两个90%：一是网上销售额中90%是农产品，具体是林果产品；二是网上销售额中90%以上是销到国内的，销往国外的不到10%。

值得一提的是，从最近几年来的数据分析上看，由于受群体和个体规模小、运营不规范、产品竞争优势下降、专业人才匮乏、物流效率低且成本高、驾驭网络销售能力弱等多种因素影响，新疆网络销售的经营水平指数和生态指数均呈下降趋势，总体上看竞争力在逐年下降①。

这依然能说明两点：一是目前网上销售农产品的整体水平还不高，将来的发展潜力和空间很大；二是要扎扎实实把网上销售农产品向前推进，这其中还有许多工作要做、许多关系要理顺。

二、发展农产品网上销售是时代潮流

为什么要网上销售农产品？因为时代潮流已经发展到了这一步。否则就必定会落后于时代潮流，脱节而产生代沟。

（一）网上销售农产品已呈燎原之势

网上销售农产品现在已成普遍现象。

数据表明，目前我国有数以万计的人在网上购买商品。仅仅每天在网上购买有机农产品的消费者，就有2万之多。请注

① 任江、李远新等：《农产品网售：新疆要做的还很多》，天山网，2013年10月21日

意这里的两个概念：一是“每天”。实际上同一个家庭当然不可能每天都在网上买，所以，实际规模要比这个数字大许多倍。二是“有机农产品”，主要是有机蔬菜、有机牛奶、有机茶叶、有机大米、有机食用油等，甚至还有有机甲鱼。也就是说，如果把范围扩大到所有农产品，这个数字又要扩大若干倍。

2012 年 9 月初，仅仅是一个淘宝网开通的生态农业有机频道，当天的线上交易额就达 30 多万元；中秋节之前的某一天，仅仅是有机红枣某天的预定量就达到 1 万份；在淘宝网生态农业频道上线后的一个月内，每天有机农产品的平均交易额超过 50 万元，许多农民卖家的日销售额稳定在万元以上，全国平均每天有超过 2 万户家庭在这里解决自家的菜篮子问题。

值得一提的是，这些消费者中有许多是回头客。例如东北的黑龙江大米，有许多人第一次只买几公斤，逐步发展到每次购买 20 公斤甚至更多。客流相对稳定，这对农产品销售来说就是极大的好消息。换句话说是，如果这样的回头客多了，你就再也不用担心产品销售问题了。

一位网上卖甲鱼的老板说，温室养殖甲鱼一般四五个月就能养到 3 斤重，而有机甲鱼在野外养殖则通常需要好几年。现在，他出售有机甲鱼的年利润超过 100 万元。

正因网上销售农产品有如此大的市场，所以上面不仅有来自我国各地正规农场出品的有机农产品，还有来自美国、澳大利亚、欧洲、以色列等国家和地区的有机农产品。其中，除了有 300 家有机农场已经入驻之外，更有 700 家正在咨询、考察和做入驻前的准备工作，品种涵盖粮油、蔬菜、水果、肉禽蛋奶、坚果干货、茶叶奶粉等，足够满足全家人的日常生活需要。而这样丰富多彩的品种，又会增加网上销售吸引力，起到相得益彰的作用。

(二) 一窍不通者也能上网

网上销售农产品的良好发展态势，不由得让人心动。即使是那些对网络似懂非懂甚至一窍不通的农民也都在跃跃欲试，希望能从这种网上销售中分一杯羹。

淘宝网卖家汤先生介绍说，他过去没有任何网上销售经验，可是在2012年8月也挤进来了。进来后的第一个星期，他并没有接到任何单子。后来，他对自己店里的有机红枣重新拍照，对商品描述也做了进一步的修改，很快就接到了来自全国各地的订单。尤其是中秋节前的那几天，几乎每天的交易额都超过3万元，客户中70%以上来自北京、浙江、广东、上海等地。而与此同时，他的线下实体店的销售也增加了，当然这些客源主要来自周边10公里的范围内。

从这里我们能看到什么呢？一方面是网上销售能够有效拓展销售区域，几倍几十倍地扩大销售量，因为它可以把市场触角伸到全国各地乃至国外；另一方面，网上销售又能带动实体店的销售，给实体店的销售业绩插上腾飞的翅膀。何乐而不为呢？

上海蔬果园有机农场过去一直是给线下高端超市供货的，虽然常常供不应求，可是由于后面有中间环节，获利并不多。

所以，早在2010年，他们就开始探索在淘宝网上开店，直接面向终端消费者，然后在2011年又进驻了天猫网。在他们看来，触网这一步迟早要走，晚走不如早走。

因为他们过去是给高端超市供货的，所以，有一套严格的质量管理体系，实行网上销售后，他们把这套严格的管理体系全部照搬过来。也就是说，他们在网上销售的菜品质量和包装，与超市销售的完全一样，并且蔬菜从田里采摘后配送到客户手中的时间不能超过24小时，这样就能确保新鲜度。针对菜品在夏天运输过程中需要冷藏的特点，他们还承诺，万一出现质量问题他们负责全额赔偿，以消除顾客的后顾之忧。

就这样，自从实行网上销售后，虽然标注的价格要比超市里低许多，可是由于省却了许多中间环节，他们的最终获利反而增加了。2012年前三季度，该农场整个经营业绩比上年全年翻了一番多。

（三）网上销售的高档农产品更有可信度

在网上销售的农产品中有许多是高档产品和土特产。这是有原因的：一方面，高档农产品的盈利率高，能够消化高昂的物流成本；另一方面，高档农产品所对应的消费者网络技术熟练、消费能力强，他们更愿意在网上购买高档农产品是因为他们觉得在网上销售的高档农产品信息透明，可信度更高。

以有机农产品为例。与其他普通农产品的网上销售相比，有机农产品的网上销售另有一大好处，那就是能够很好地解决成本和信任问题。

这里的成本，是指有机农产品的生产要求高、人工成本大，所以销售价格也高。现在通过网上销售，去除一切中间环节，有助于把销售价格降下来，降到消费者能够接受或者有更多消费者能够接受的地步，这样就把销售面大大拓展开来了。

相反，如果是开实体店，由于有机农产品的消费对象相对富裕，所以实体店也要开在高档社区才是，这样开店成本就高了，销售价格势必降不下来。

以沾化冬枣为例。农民手中的沾化冬枣的销售价格每斤3元还不到，最低时甚至只有2毛钱一斤，可是出现在水果超市中每斤却要20多元。如果通过网上销售，把价格确定在每斤10

元，双方是肯定都能接受并从中获益的。所以在这里，网上销售的优势尤其突出。

这里的信任，是指现在的有机农产品真假莫辨，消费者即使想买也会担心上当受骗，可是他们如果是直接从网上的专卖店或大型网站购买产品，就会大大消除这种顾虑。

以淘宝网为例。淘宝网上的农产品销售都会明确标注店铺、产地、生产过程、农产品安全标准、农场证书、有机码数据等信息，并且要求与中国认证认可信息网数据中心直接对接。消费者针对每种商品信息，都可以了解该农产品的生产基地在哪里、生产环境如何、生产规范和有效认证资质如何，还可以通过产品包装上的有机码查询真伪，这还有多少顾之忧呢①？

了解到这么多好处，你就明白为什么网上销售农产品会越来越红火了。并且这是今后的一个发展方向，任何人都改变不了。

三、传统销售难促使新型职业农民转向网上销售

为什么要网上销售农产品？因为传统的农产品销售渠道实在是难。

俗话说，“活人岂能让尿给憋死？”更何况，农产品销售不畅不但使一季辛辛苦苦的收成不能到手，更无法维持简单的农业再生产。所以，必须想方设法另辟蹊径。

仔细观察会发现，其实现在做什么都难，突出地表现在销售难上。尤其是在我国加入世界贸易组织后，全球经济一体化、国外商品进口猛增，更加加剧了市场销售难度。

---

① 姜瑜：《有机农产品网上卖成趋势》，载《农民日报》，2012年12月3日

具体到农副产品这一块来说，一拥而上的生产销售模式，使得农产品销售难愈演愈烈。所以说，市场销售难度加大，是倒逼农产品上网销售的主要动因之一。

（一）越丰产销售压力越大

农产品销售有一大特点，那就是越丰产销售压力越大。

2013 年 9 月，离红枣收获季节不到两个月时，杭州的一些红枣经销商就迫不及待地准备去红枣主产地新疆看一看了。因为 2013 年上半年的红枣销售形势实在不怎么样，他们心里感到忧心忡忡，想到产地去看看究竟发生了什么，以便寻找对策。

2013 年 8 月全国红枣业龙头企业“好想你枣”发布的半年度财务报告显示，该公司 2013 年上半年实现的营业收入只有 3.99 亿元，同比下降 0.67%。截至 2013 年 6 月末，该公司拥有的专卖店数量比半年前减少 133 家，出现了一股不大不小的关门潮。而这种情形，其实在此以前就已经显现出来了。

在红枣消费大省浙江，数据表明，2012 年“好想你枣”杭州经销商的实际销售额还不到销售计划的 20%！某知名农产品企业原本预计该公司 2012 年在杭州地区的红枣销售量可达 160 吨的，结果只卖出去 30 吨。

以杭州纳趣农业开发有限公司为例，该公司成立之初的销售额中，红枣销售一度占到所有土特产销售的一半以上，可是现在已经下降到 10% 以下。而在销售形势好的时候，红枣的销售利润率高达 50%，现在降到只有 10% ~20%。

究其原因，主要就是传统的红枣销售越来越难。

为什么会这样呢？原来，2009 年时红枣的市场销售很不错，所以新疆当地开始大量种植枣树。与其他作物不同的是，枣树第一年就能开花结果，接下来几年的产量几乎每年都翻番，到第五年时进入盛产期。大家都看好这一形势，“英雄所见略同”，便导致红枣市场的竞争越来越激烈。并且可以预计，由于枣树的树龄可达十四五年，这就意味着接下来的10年时间里这种激烈竞争程度将会有增无减。

容易看出，红枣市场的销售难并不是需求量减少造成的，而是供应量过于庞大导致的供需失衡。怎么办？你总不能叫枣树搞“计划生育”吧？所以，除了大力开发深加工（如红枣酸奶）之外，通过网上销售扩大市场需求量就是不二选择。

按照通常的生产标准，特级红枣应当直径大于5厘米、含水率在23%～27%。新疆维吾尔自治区和田红枣的收购价是每斤30多元，去除5%～10%的耗损、包装后，市场销售价应该在60多元。但众所周知，红枣本身是没有真假的，只有质量好坏之别，有些人在网上销售红枣，利用农产品不可能实现标准化生产、消费者更看不到实物的特点，就敢于把价格卖到40多元。这样一来，就把实体销售店的红枣市场给挤掉了。

与此同时，要依然想从每斤40多元的价格中赚钱，唯一的办法就是以次充好。这样的电子商务“游戏规则”，就把市场给搞乱了①。

所以说，并不是现在网上没有红枣销售，只能说这种网络销售目前还处于混战状态，急需要正规、透明、公开的做法予以击溃。只有这个问题解决了，才能打开更加广阔的红枣消费市场。关于这一点，对其他农产品同样具有参考价值。

（二）网络销售充满生机

虽然网络销售目前还有不少混乱状况，但却无法否定它的

---

① 张恩：《一颗“早熟”的红枣》，载《每日商报》，2013年9月10日

勃勃生机。甚至可以说，只有它才可能给传统销售难问题带来转机。

2011 年，四川广安市龙安乡的柚子获得大丰收，柚农们对此是喜忧参半。喜的当然是产量大增，而忧的则是销售压力更大了，到底该怎样把这堆积如山的柚子变成钱。

就在这时候，刚刚来到该乡工作的大学生村官、群策村村务助理潘蓉提出了自己的想法——通过微博卖柚子。

24 岁的潘蓉是一位网络达人，经常在网上淘宝。她在现实中看到，虽然龙安柚是当地非常有特色的农产品，但其销售方式却依然沿袭传统模式，从来没有利用过网络优势，她觉得自己可以在这方面帮大家一把。

她把自己的想法汇报给了乡党委，乡里专门为她配置了相关设备，于是她在网上开设了自己的卖柚微博，取名为“金柚苑”（后来改为“广安龙安柚王”），开始在网上宣传并销售龙安柚。与此同时，她也把相关信息挂到了中国农产品销售网上。

没想到，网上销售的影响力非常大。还不到 10 天时间，点击率就超过 1 000次，并且销出去了 5 万多个柚子，令柚农们喜出望外。

村民冯宗菊介绍说，他家里种了 50 棵柚树，所有柚子全部在网上被买家订购了，并且单价要比去年高出 4 元，仅此一项就增加收入 4 000多元。①

从中容易看出，在传统渠道遇到农产品销售难的时候，不妨把眼光放在电子商务上。或许，这样就会柳暗花明又一村！

① 张泽明、吴奇敏等：《广安女大学生村官开微博卖柚》，载《四川农村日报》，2011 年 11 月 8 日。

（三）传统商业正逐步成为“样品店”

电子商务的兴起，使得许多传统实体店不得不逐渐成为“样品店”。无论是价格模糊的服装、家具、家电还是价格最透明的图书，都没有逃脱这种命运。

常常看到，许多消费者先在实体店看好商品的款式和型号，然后扫一扫条形码，回家后在网上买。这样既不用担心号码、款式不合适，又不用付出原价充当冤大头。图书就更是这样，对有把握的图书直接就在网上订了，因为许多图书都有“在线试读”功能；如果对内容实在没把握，也会先去书店看一看，等到确定要购买时再在网上买，可谓两头不耽误。可以说，这种情形有扩大化趋势，目前已经扩展到家具、家电等各领域。

不必责怪消费者贪图“小便宜”，毕竟大家赚钱都不容易，更何况，这两者之间的差价并不小，动不动就要相差一倍。在这背后，实际上反映的是实体店与网店之间争夺客源的拉锯战。

有鉴于此，一些大型实体店不得不实行线上线下同价，这既是无奈之举，却又可能出奇制胜。看上去这种做法使价格绝对便宜，没有多少赚头了，而实际上，正因为价格便宜，所以它的市场扩大，真正的“薄利多销”之后没有亏反而赚得盆满钵满。

“买的没有卖的精”。实体店之所以敢与网店同价，其中一条很重要的原因，就是两者出售的商品中有相当一部分甚至全部都不同，彼此在相互鼓劲、打差异战。

比如，同一种产品你在网上看到的颜色、规格，实体店里偏偏就没有；或者你在实体店里看到的颜色、规格在网店里也没有，他们称为“实体专供”。也有潮流性的商品规定要新品上市几个月后才能上网销售，以确保实体店的竞争优势。①

现在有越来越多的实体店抱怨“生意越来越难做”或“这样的生意没法做了”。但这对网上销售的影响并不大，甚至越是这样，电子商务的市场就越大。毕竟对于绝大多数消费者来说，达成交易的主要参考因素是价格。尤其是一年一度的“双十一”(11 月 11 日）网购大促销，更是成为传统百货业心惊胆战的日子。

但这是时代发展潮流，谁也不可阻挡。数据表明，目前我国的网上零售总额还不到社会零售总额的 10%，与国外发达国家百分之三四十的比例相比差距实在太大，而这也正将成为我国将来电子商务的巨大发展空间。

具体到农副产品的网上销售来说，由于农副产品在食用时常常并不十分讲究规格、型号、尺寸等方面的指标，相反，新鲜、口感是更重要的。所以，网上销售农产品将来注定会大行其道，比网上销售工业品具有更大的发展空间。

第五节　网络营销有助于扩大生意

一、网上营销更容易进入高端市场

根据流行规律，商品总是从高端市场向低端市场流行的，这样的流行趋势更容易打开市场、打开局面。所要注意的是，要做到这一点就必须控制好源头，着重于树立品牌，否则最终就可能会门可罗雀。

---

① 肖丹：《实体店沦为电子商务试衣间》，载《北京晨报》，2013 年 1 月 7 日。

即使是高档产品如有机蔬菜，如果放在超市里卖，消费者仍然会将信将疑，很难卖得出高价钱来。更不用说许多高端消费者并不去菜市场买菜，他们可能更习惯于网上购物；而网上销售农产品走这种高端路线，跳过一切中间环节，给消费者的感觉会更可靠，也更容易达成交易。

广州田鲜贸易有限公司走的就是这样一条路。

2005 年，香港人陈峰开始从事把中国内地的蔬菜出口到香港、英国去的工作，并且在云南、广东等地拥有着 5 000 亩专门供应出口的蔬菜基地。由于陈峰是香港人，所以他对香港市场尤其是高端蔬菜市场的发展潜力十分了解，但同时也想拓展内地市场。

机会终于来了。2011 年初，陈峰接到全国知名人力资源综合服务供应商广州锦田顾问服务公司董事长吕基富的邀请，合作把内地蔬菜销往香港。

2011 年 8 月，他们和另外 3 名投资者一起创办了广州田鲜贸易有限公司，主要就是从事农产品的种植、加工、贸易、进出口、物流等业务。简单地说，就是把原来用于出口的高品质蔬菜销给国内的高端家庭用户及企业用户。同年 9 月，他们推出了“田鲜蔬菜革命网”平台，正式开始从事网上销售业务。

为了打开品牌、确保质量，同时也是为了避免“王婆卖瓜，自卖自夸”的嫌疑，田鲜公司专门聘请全球最大的认证公司 SGS 为自己进行第三方检测，为此，就倒逼着他们只能选择云南、宁夏、甘肃等专门种植出口蔬菜的几个基地。

为了创新，他们推出了按月、季度、半年度、全年的优惠套餐。在每种蔬菜的购买页面上，消费者都可以了解到这种蔬菜的产地，并查阅第三方检测报告。

田鲜公司相信，现在的消费者越来越精明，也正在逐步走向成熟。他们或许过去也上过许多当，但 SGS 的检测报告应该还是具有最高说服力的。

从全球来看，虽然每个国家的蔬菜质量认证体系不一样，但总体上可以分为美国、欧盟、日本三大标准。其中，香港是按照欧盟标准来进行检测的，而欧盟标准就是通过 SGS 认证的。换句话说，我国内地的蔬菜只有通过 SGS 认证，才能进入香港和欧洲市场。

那么，SGS 又是怎么进行检测的呢？每隔两个月，他们就会到蔬菜生产基地进行实地检测，每一批出口的蔬菜都必须提供这批蔬菜的检测证书，否则就无法走出国门。而现在，田鲜公司销售给我国内地的高端蔬菜当然是不用走出国门的，但由于同样要经过 SGS 的这种严格检测，这样就很好地满足了国内一些高端消费者的消费需求。

尤其是在目前我国消费者对国内农产品污染顾虑重重的宏观背景下，这种检测在树立信心方面会起到相当大的作用。

从检测内容看，主要是两大块：一是重金属污染，二是农药污染。每一批蔬菜检测后都要写出检测报告，公布在网上。

毫无疑问，能够达到以上标准的蔬菜，生产成本必定居高不下。除了土壤、品种、方法之外，更主要的是要有良心。尤其是土壤不能有一点点污染，否则质量恐怕就很难达标。

而所有这些，都注定了即使是网络直销，这样的高端蔬菜价格也不低，消费面会受到限制。这也是网上销售农产品的一大特点：高端商品居多，单价低的商品太少。

懂行的读者会发现，这种做法实际上和麦当劳是很相似的。麦当劳自己并不种植蔬菜，可是麦当劳采购的所有蔬菜的种植标准、质量标准、生产环节都是由麦当劳掌控的，并且需要通过第三方认证机构提供检测报告。这样，既保证了蔬菜质量，又便于麦当劳集中精力做好它自己该做的事[①]。

这一条经验，值得所有从事网上销售农产品的人借鉴，一直做自己擅长、有把握的事，把其他一切都交给别人去做。

二、网络营销能把生意做大

为什么要网上销售农产品？因为传统商业只有插上网络的翅膀才能飞得更高、做得更大。

在外地设直销中心

要想把网上销售农产品做大，在外地建立农产品直销中心是个好办法。这直销中心就像航空母舰，开到哪里就把本地的农产品销售触角拓展到哪里，加强在该地区的销售力量。

以上海为例。上海的常住人口有2 400万，超过许多小国家，每年的瓜果蔬菜需求量高达600万吨，50%需要由省外供应。这样的市场就是谁也不敢忽略的。

海南农产品看中了这一点，这几年一直在为进入上海厉兵秣马，而且颇有成效。海南的绿色无公害果蔬、海产品、热带水果、茶叶等，在上海农产品销售市场上已经占有一定的比重，新鲜瓜果蔬菜在上海的年销售量高达22万吨，农产品加工品在上海的年销售额高达3 000万元，发生了从量到质的转变。

在此基础上，2013年10月，海南继在北京、沈阳后在上海开设的第三家农产品直销中心正式开业。

这家海南品牌农产品上海直销配送中心拥有200平方米的展示中心，展出了海南树上熟木瓜、红心火龙果、澄迈福橙等特色水果，兴隆咖啡、椰子糖、椰奶等农产品加工品，以及野

---

① 陈纯丽：《田鲜：做富人的菜篮子》，载《赢周刊》，2012年4月5日

生红鱼、鱿鱼、石斑鱼等海产品，一开业就吸引了不少上海市民前来参观和购买。上海人说，以前只知道海南有椰子、芒果、海鲜等，不知道还有这么多好东西。

确实如此，这就是在外地开设直销中心的好处和目的，即让更多的人了解本地农产品。当他们有需要时，就会在网上下单，然后在家门口就可以提货，实惠而快捷。

海南农产品上海直销中心共有海南 60 多家品牌企业的 600 多个品牌产品，与上海农工商超市等 60 多家超市、酒店和供应商达成供货协议，并且在当地建设了网上销售平台，目标就是瞄准上海的高端消费市场①。

这是因为，上海不但是国际大都市，高端消费群体多，还因为本书前面提到的，高端农产品更适合在网上销售。“国内市场看上海”。通过来自上海市场的信息反馈，会更有助于提高海南的农业生产标准，从而走上良性循环的发展轨道。应该说，这样的目标定位是非常恰当的。

或许是海南省确实从中尝到了甜头，所以他们接下来还将继续在成都、天津、武汉等地建立这样的品牌农产品直销中心，争取 3 年内覆盖全国所有省会城市。决心不可谓不大，但对海南农产品网上销售的促进效果也是可以预期的。

再来看浙江台州市。2011 年 1 月起，该市农副产品配送中心就与市供销社系统第一家电子商务网站“山海一品”联合，在淘宝网上开设了农产品专卖店。

大家只要登录淘宝网，点击“山海一品”网店，就可以买到台州的农产品。该市农副产品配送中心一共组织了来自该市

---

① 符泽亢、陈声浩等：《海南在上海设品牌农产品直销中心，将建网售平台》，南海网，2013 年 10 月 21 日

30多个合作社的300多种中高端农副产品，一方面是网上销售，另一方面是实体销售，两者齐头并进、相得益彰。

众所周知，台州农业资源十分丰富，素有“水果之乡”、“特产之乡”、“海洋大市”等美誉。正是为了改变过去农产品销售不畅的局面，该市从2009年起在杭州建立台州农产品直销中心，2010年又在上海西郊国际农产品展示直销中心专门建立台州馆，接下来就是2011年在淘宝网站上开设专卖店。

至此，台州的农副产品在全国各大城市都建立了销售网络，仅仅在上海就有30多个销售专柜。而所有这些举措都是为了促进当地农产品在外地的销售，提高知名度和美誉度。

【经典案例】

在外地建立农副产品直销中心比较适合于财大气粗的农业企业和政府组织，对于农民个人来说就可能会力不从心了。可是这并不妨碍个人利用网络把生意做大的信心和努力。

李烨的经历就能说明这一切。

李烨出生在江苏盐城的一个富裕家庭。父亲在当地经营一家大型餐饮企业，所以他不但从小衣食无忧，上大学时每个月的零花钱居然高达5 000多元，是人们心目中“富二代”。

可是好景不长，2003年他读大三时父母的酒店破产了，他每月的生活费也不得不猛跌到100元以内。无奈之下，他在一家电脑城门口扛箱子自己挣生活费，直到大学退学。

回到家乡盐城后，全家当时一共只有500多元现金。一天晚上，他出去看到别人烧烤摊上的生意非常好，觉得做这个不要什么成本，于是提出愿意免费给烧烤摊打工，目的是想偷师学艺。

果不其然，老板看他样样抢着做，就把配料毫无保留地告诉了他。就这样，两个月后，李烨就在盐城师范学院旁开了一家自己的烧烤摊，两个月赚了 1 700元。

看到自己能自立了，李烨又参加高考，考到上海一家大专院校学习多媒体设计，说穿了，其实就是学习网页设计等电脑知识。他白天上课，晚上出去打工，主要是帮助别人设计网站。

2008 年 6 月，李烨大学毕业后在同学和朋友的帮助下创建了“上海天天爱购网”。可是没过多久，就因为股份问题退出了。

又一次跌入低谷的他，自然又想到了他的烧烤摊。他想，烧烤是自己的特长，而电子商务是他的专业，能不能把这两者结合起来，也就是说把烧烤摊开到网上去呢？说干就干，一个月后他就推出了“原始烧烤”网。

众所周知，路边烧烤店的红火主要是因为方便。你现在把烧烤开在网上，可望而不可及，这个便利条件便没有了。

所以，网站建立 3 个月后才迎来第一笔生意。那是昆山的一个家庭聚会需要购买烧烤食材和器具，金额是 220 元。后来，这位消费者对他的服务很满意，给了他一个长长的带文字的好评！

从此，李烨父子两人便联手在上海搞起了烧烤。父亲搞了两家实体烧烤摊，李烨则在搞网上网下互动。在旺季的时候，网上烧烤每天能卖出 100 到 150 单，每单平均消费额在 400 元以上，这样每天的营业额能有 5 万元，一天可净赚 1. 5 万元左右。

据李烨介绍，2012 年他的网上销售额是 153 万元，而 2013 年上半年就已经达到 120 万元。按保守估计盈利率 40% 计算，这 4 年中他的净收入超过 100 万。

总结自己的创业历程，李烨认为，自己的网络烧烤虽然在价格、方便程度上没什么优势，但优势体现在服务上。

例如，你要购买烧烤所需要的食材、器具等一些东西可能会跑很多地方，可是在这里就可以一网打尽。所以，他接到的生意往往一笔单子的金额就有几千元甚至上万元，提供的是组合服务。

例如，在大热天，为了保证食材的新鲜，他们对时间控制得很严。客户至少要提前24小时下单，他们在一收到订单后就要进行采购，然后在发货前8小时对食物进行加工，放入速冻柜；在客户指定收货时间的前2个小时，开始进行分拣，随后配送到客户手中。最关键的是，所有食材在包装上都使用泡沫箱子，然后放入干冰，这样食材就能保证新鲜了。

由于他们的客户基本上都在上海，所以，送达时间相对有保证。并且，他们的快递员都是高校学生，经过培训之后，在配送之前就能预先计算好节省车费和时间的用户路线，对上海地铁了如指掌，所以，不会走冤枉路①。

由此可见，要想在网上把生意做大，无论是组织还是个人都是有办法的，正所谓“戏法人人会变，各有巧妙不同。”

第六节　网络营销农产品的注意事项

网上销售农产品同样是有风险的，除了可能被骗被盗和退货坏账外，还包括无人浏览、不死不活。总的原则是要在商言商，以经济效益为目标，学会及时锁定获利。

---

① 谢尧：《江苏一大学生网上卖烧烤，4年收入超百万》，载《扬子晚报》2012年10月18日

一、把追求效益放在首位

任何经营模式都应当把追求效益放在第一位。只有社会效益、没有经济效益或者总是入不敷出的项目，如果确有必要，也应当是政府操办的事，不适合个人以此为业，否则就如兔子尾巴长不了。

网上销售农产品目前总体上还属于新生事物，基本处于叫好不叫座的发展阶段。所以，无论是农民组织还是个人，都应当把追求经济效益放在第一位，这是必须牢记在心的。

（一）目前农产品网络平台亏损的多

资料表明，目前我国的涉农网络平台至少有3 000多家。但由于农产品流通环节过长、损耗过多，生产销售信息不对称，尤其是缺乏相应的法律法规，所收货物与所订货物不完全一致的情形时有发生，所以，这些网上交易平台的信誉还有欠缺，真正盈利的平台并不多，或者说效益很一般。而这又反过来制约着农产品网上销售进一步向纵深发展。其中存在的问题，主要表现在以下两点。

1. 中听不中用

农产品网络销售平台中有许多是中听不中用的，说起来很好听，但其实派不了什么大用场。

以2011年在我国兴起的微博为例。许多农民尤其是年轻、文化程度高的人，当时着实利用各种微博工具在销售农产品方面花了一番大功夫，但真正能收到实效的还是很少。

正面的例子是，2011年5月四川盐边县瓜农注册了一个“攀枝花人卖西瓜”的微博，很快就有了2 000多人的粉丝队伍，销售量节节攀升。当地一家超市看了这条微博后曾经主动联系，签下了120吨的大单。随后，众多微博名人、媒体以及当地政府便纷纷跟进，盐边县西瓜滞销的局面顿时消失得无影无踪。

这样一次通过微博叫卖西瓜大获成功的案例，让许多后来者看到了希望，以为这是一条捷径。然而，这样的成功案例并不多。

就在同一时期，山东莱州女孩王哲注册了“姜农微博卖姜”的账号，内蒙古乌兰察布土豆种植户李维文、云南小黄姜种植户张传金、湖北团风县柿子种植户漆建国和胡彩斌夫妻等，都在通过这种方式推广自己的产品，减轻滞销压力，但效果不尽如人意。

2011年10月，李维文对记者说，他的微博粉丝3天内便突破1 500人，他曾经在一天中就接到20多个电话，但主要是咨询和建议，真正谈生意的很少。他说微博营销情况不理想，更新了一周左右，我就懒得继续宣传了。现在我们县九成土豆都下窖了。王哲对此也有同样的困扰。

2. 有人买不敢卖

有人买不敢卖是指虽然你的标价不高，可是对于消费者来说却是价格低了还想低；有些网购的价格看上去不错，可是扣除了物流费用后利润就所剩无几甚至亏损，这让卖主左右为难。

正如你能想象的那样，农产品在城里的需求量确实非常大，消费者从农民手里直接进货价格至少可以打个7折，既新鲜又便宜，何乐而不为呢？但实际成交量往往就是上不去，原因就在于农业生产及农产品周转环节脱节。

福建茶农苏小姐过去也在淘宝网上开过“香韵茶业”网店，但开业半年就停业了，高昂的物流费用是最大障碍。正如王哲所举例的那样：“散单物流费用太高，10公斤重的生姜运费就要

15 元左右，甚至要高出生姜自身的种植成本。”

再以内蒙古自治区出产的土豆为例。如果是运到距离最近的大城市北京，快递费用就要每斤 2 元，同样要远远高出土豆种植成本；而如果采取其他物流方式，价格虽然只要每斤 0.2 至 0.5 元，可以接受，但却要消费者到当地邮局或货场上去自己提货，这样消费者又不愿意了。所以网上成交的土豆订单他都不敢发货，得等到有了足够的量再统一寄送。

除了运费太贵、不能承受之外，大客户要货的要求之苛刻也会让人望而却步。

李维文说，他就曾经接到过大收购商的要货电话，一开口就要几十吨，这对他来说当然是好事，但过于苛刻的要求使他望而却步。

例如，对方要求每颗土豆必须净重 6 ~ 8 两，并且要有包装。可是如果真的这样卖，剩下的那些个头小的土豆他又能卖给谁呢？这样的交易即使收购价在 1 元以上，总账还是要亏的。

另一位帮助内蒙古自治区的农民卖土豆的北京证券分析师武宏刚则表示，农民能够接到大客户的电话当然很开心，但大客户的压价也太低了。曾经有广州的采购商希望能买他几千斤土豆做礼品，但每斤 0.4 元的价格让他实在难以接受，谁做谁吃亏。

正是由于上述种种原因，微博营销的效果并不好。投入的精力不少，却收效甚微，到最后就只能不了了之了，这方面一定要注意。

（二）要考虑如何才能提高交易效益

网上销售农产品要追求经济效益的道理谁都知道，但许多人就是考虑不周，无论如何也无法把效益搞上去。

过去有句俗话说，“在网上谁都不知道你是一条狗”，这表明网络是虚拟的，会给人以“不可靠”、“不可信”的感觉。如果是这样，一切下文都无从谈起。所以，要想提高网上交易效益，首先要给人以“可靠”、“可信”的感觉。具体途径有两条。

1. 注重自身信誉

信誉要靠自己打出来。虽然初次接触别人只能从网上介绍和有关你的报道、亲自了解中得到印象，但归根结底还是要靠你的一言一行来证实。尤其是要想把生意做长，就必须如此。

武宏刚的老家在内蒙古自治区四子王旗，而他本人则在北京一家证券公司当分析师。有一次他听见老乡说老家的土豆卖不动，于是便注册了“内蒙古自治区农民卖土豆”的微博，同时还开通了一家名叫“麦土豆”的淘宝网店，希望能在业余时间通过网络渠道帮老乡拓展一下销路。

为了提高实际效果，他把微博上的咨询客全都转到淘宝网店上去销售，很快就成交了 984 件，平均每天的成交量在 1 000 斤左右，并且该店信誉良好，好评率达到 100%。而这样一来，便又进一步扩大了该网店的销量。

遗憾的是，虽然这样的销售方式确实有但对老家滞销的 3 000吨土豆来说完全是九牛一毛。

但话又要说回来，要解决农产品销售难的问题不能完全靠网络，只能说是能销掉一点是一点，再怎么样也比堆在家里强。

只有等到将来有一天社会各界都能参与进来，把物流成本降下来，通过网络将 3 000吨土豆全都卖出去才有可能。

2. 走高端路线

细心的读者能发现，目前网上销售的农产品主要是有机蔬菜等价格偏高的产品，其实这是有道理的。因为网上销售的物流成本高，如果不走高端路线就很难弥补这一块，从而影响最终获利。

例如，正谷农业公司没有一家实体店，全都依靠网络、电话来进行销售，它们销售的主要就是有机农产品，并且整个产业链都由自己独自承担，走出了一条把农业与电子商务结合得最彻底的规模化之路，值得借鉴。

正谷农业公司与农村合作社合作，成立了自己的农业技术中心来指导有机农业生产；然后通过网络配送、销售，故意绕过超市、街市等传统销售渠道，反映出的是一种新理念。

在过去，他们也曾在北京的一些高档社区举办过推广活动，或者销售人员尝试着上门推销，但最终效果并不好。

后来他们通过开放蔬菜基地、发展会员俱乐部等方式，从身边的熟人圈子里开始做起，逐步赢得了消费者信任。接下来从节约推广成本角度出发，他们把推广目标主要锁定在企事业单位，效果就更好了。

从中他们发现这样一条规律：现在的消费者对有机农产品的概念还不是十分了解，如果你把有机产品和无机产品放在一起，凭肉眼很难区分开来，所以，他们觉得，有机农产品销售一定要和传统渠道相区别。如果你把有机农产品也放在超市里销售，消费者就很难搞清楚你是真的有机产品还是冒充的，即使你的是真的，也会让他们骤增怀疑。这又何必呢？

从这一点上看，网上销售高端农产品反而是一种优势，不是劣势，至少目前来看是这样。

显而易见的是，销售高档农产品同样会离不了高昂的物流成本，但由于是高端农产品，定价要十倍数十倍地高于普通农产品的定价，所以，相比之下，原本高昂的物流成本就显得微不足道了。只不过，这样的高定价限制了大多数消费者的进入，宣传和推广成本也相应提高了①。

（三）博客营销的门槛较低

上面提到，目前农产品网络销售平台的效益并不怎么样，同时投入也大，所以，对于农民组织尤其是实力不强的个人来说，最好是选择投入较少、进入门槛较低的博客营销方式，性价比可能会更高。

在甘肃成县，当地农民几乎家家都种核桃，但长期以来如何把核桃卖出去一直困扰着他们。

2012年2月，该县县委书记李详尝试着开通了实名微博，通过微博来推销核桃。出乎意料的是，在一年多时间里他不但通过微博和网络把全县的核桃推销了出去，而且使自己也成了网络红人。

自从在个人微博上发出第一条关于该县核桃销售的信息后，李详的微博访问量就直线上升。虽然各种各样的评价都有，既有赞同的也有质疑的，但他个人还是感到信心十足——不管怎么说，核桃种植在当地农作物种植中占有重要地位，核桃销售收入在当地农民的生产净收入中也占很大比例，此事非同小可。

在过去，当地农民卖核桃都是自己背到市场上去，或者小商小贩到村里来收购，所以价格总是上不去；而现在如果能通过网络扩大销售量，提高农民的核桃销售收入，这件事情就是有意义的、值得的。

李详说，一年下来他有一个明显感觉，那就是该县过去一年在兰州市场上销售的鲜核桃能达到50吨就很不错了，可是现

---

① 蔡辉：《农产品恋上网销，赚足眼球效益平平》，载《南方农村报》，2011年10月30日

在通过微博、电子商务、淘宝网，鲜核桃在兰州市场上的销售量至少有 300 吨，通过网上销售到甘肃以外地方的订单也有 600 单左右。

受此鼓舞，该县在 2013 年 7 月成立了电子商务协会，大力推动传统销售模式向网络平台电子商务模式的转变，实现销售与生产的有机组合。换句话说，慢慢地实行以需定产。

接下来，他们准备在此基础上通过成立合作社打响自己的品牌，让核桃种植规模化、现代化，做成一个大产业①。

二、学会及时锁定成交

网上销售农产品要学会及时锁定成交，这是很重要的。不要一看到有很多订单纷至沓来就忘乎所以，以至于忘了最重要的东西——及时锁定成交，不要让煮熟的鸭子飞走了。

（一）煮熟的鸭子也会飞

俗话说，“钱在谁手里算谁狠”。这话虽然不怎么中听，却说出了一些无奈的事实。尤其是市场行情千变万化，即使已经达成了交易，如果你没有收到钱（货款），这交易最终会不会黄了还真不好说。有鉴于此，要学会快刀斩乱麻，及时锁定经营成果。

内蒙古自治区乌兰察布后旗土豆种植户李继文的教训就是其中一例。

2011 年，李继文种了 800 亩土豆，产量有 2 000吨。刚开始时他心里还挺美的，因为土豆就要大丰收了，想象着自己应该

---

① 何鹏：《农产品电商发展势头迅猛，市场潜力大》，中国广播网，2013 年 7 月 10 日

可以多卖一点钱了。可是没想到，因为前来收购土豆的人太少，收购商压价又压得厉害，土豆根本就卖不动。这种情况以前可从来没有碰到过。

急中生智，50 岁的他面对 700 吨无人问津的土豆，便想到发个微博试试看。

10 月 13 日，李继文通过微博对外求助："大家好，我是内蒙古乌兰察布后旗 16 号的农民李继文，新浪微博协助我开了这个微博，我们这里土豆滞销 700 吨，非常紧急！现在土豆都在地里，没有地方囤，天气越来越冷，土豆一受冻就完了，我们一年的心血就全白费了……请好心人帮帮我们，土豆四毛五一斤，含泪请大家帮忙，感激不尽。"

结果，在这条微博发出后短短 3 天时间里，就有 9 万多人转发。微博发出后短短几个小时内，他就相继接到来自北京、天津、上海、广州等地打来的 100 多个咨询电话。第二天，北京就有家乐福、华堂商场等 10 多家超市准备去土豆主产区内蒙古收购滞销土豆，然后投放北京市场，总采购量计划在 5 000吨。

14 日下午，当地一家淀粉加工企业捷足先登，承诺全部收购李继文的 700 吨土豆，价值 60 多万元。至此，可以说李继文的微博卖土豆取得了圆满结果。但以这样的价格卖出去，他依然要亏 40 万元。正因如此，李继文在微博上抱怨说，当地农民感到"很有压力"，因为这样的价格卖也不是，不卖也不是。卖吧，价格太低，明知要亏本；不卖吧，放在地里一文不值，损失更大①。

① 廖爱玲、马力：《内蒙古滞销土豆下周进京超市上架》，载《新京报》，2011 年 10 月 15 日

可李继文的700吨土豆被全部吃下的高兴劲还没全部过去，他马上就乐不起来了。虽然在他看来，按照过去的行规，对方说全包了，就是说这些货他全要了；而实际上呢，当李继文发了两车土豆过去后，对方就说卖不动了，就是说不要了。这时候的李继文也不忍心强行逼着对方收下来，结果仍然是空欢喜一场，并且还白白错过了他与其他客户的交易时机。

（二）根本在于市场供大于求

为什么要学会及时锁定成交呢？这不但是市场规则的要求，更是因为我国农产品供应总体上供大于求，具体到局部地区来说就更是如此。尤其是在信息严重不对称的情况下，这种供求矛盾更为突出。及时锁定成交，才能抓住机会、避开风险。

相反，如果市场供不应求，价格趋势是向上的。这时候对方如果出尔反尔，吃亏的只能是对方，而不会是自己。

而如果进一步追问，为什么市场会严重供大于求呢？原因主要有两点，一是政府的信息疏导能力有问题，二是农民盲目跟风种植结下的苦果。

再以被称为“中国薯都”内蒙古自治区的乌兰察布为例，至李继文发求助微博时，至少还有200万吨的土豆需要对外出售。其中，45万吨土豆急需在上冻前销售，其余的155万吨因为已经入窖，所以，在整个秋冬季和来年春季销往市场问题都不大。

这说明，当地的土豆种植面积已经严重供大于求，在销售渠道没有打通的背景下，土豆销售难是必然的，哪怕是通过网上销售，也根本不能解决实质问题。

统计数据表明，当年内蒙古自治区的土豆种植面积高达1 140多万亩，比上年增加110万亩；总产量1 100万吨，比上年增加260万吨。从全国来看，当年的土豆总产量超过7 000万吨，比上年增加2 000多万吨。

而李继文只是其中的一员。他当年的总投入高达100多万元，土豆种植面积比上年增加5倍。可是，其中，自有资金只有一二十万，其余全都是借来的。可以说，他是压上全部家当准备放手一搏的，颇有一点“破釜沉舟”的味道，这样的投资风险有多大就可想而知了①。

而就在差不多同一时间，江苏盐城市伍佑等地菜农种植的大白菜也出现类似情况，5分钱一斤都没人要，农民急得直哭。

后来虽经各方努力被本地市场消化了一部分，但最终仍然有不少大白菜烂在地里，造成严重损失。如果当初有一股网络推动力量把盐城的大白菜销往全国，局面就可能会完全不一样②。但这也正是从局部地区而言，如果全国都是这样的供大于求，那么即使能够销售出去，也卖不出价格来。这也正是目前网上销售农产品的一大缺陷，即能救急，但具有某种偶然性，就是通常我们所说的需要“碰运气”。

第七节　网络营销方式的不断创新

网上销售农产品过去有，现在有，将来还会更多。但总体上看，过去和现在的这些营销方式都不够突出，效果也不甚理想。究其原因，主要在于冲击力不够、给人的印象不深，所以，

① 唐明：《内蒙古土豆滞销：投机心理考验地方政府危机管理》，中国广播，2011年10月16日

② 周卫霞：《产品销售，要赶上电子商务的浪潮》，载《盐阜大众报》，2012年10月27日

也就谈不上后续的交易行为了。有鉴于此，网上销售农产品时一定要善于并敢于重拳出击，对消费者和市场构成强有力的冲击力。只有首先让人了解你、记住你，才可能有下一步。这就像谈恋爱一样，初次见面如果留下的第一印象不佳，也就没有“下一回”了。为此，网络营销方式要不断创新。

一、立体营销

过去的农产品销售主要是通过博览会、广告宣传、名人代言等来进行，网上销售不是重视不够，就是点击率不高，现成的各类电子商务网站上有关农产品的销售信息过少，也不成气候。

这些年来虽然这种局面有所改观，但总体看，网上销售农产品的网站设计和内容单一、服务功能简单、品牌建设落后、缺乏有效的营销策略和执行。在这种情况下，网上销售农产品多是应景、应急之作，难以真正见到效果、见到长效。

有鉴于此，针对农产品尤其是有机农产品的特点，把搜索营销、话题营销、事件营销、视频营销、微博营销、微信营销、漫画营销、图片营销、论坛营销等结合起来立体推出，既势在必行，又一再被事实证明效果是不错的。一般来说，投入不超过30万元的经费预算，能够吸引7 000万乃至上亿目标受众的关注。

具体参考方案如下。

立体营销方案的整个框架，应该包括行业分析、消费市场分析、品牌现状分析、创意方案、内容策略、媒介策略、时间安排、执行监控、效果评估、费用预算、危机处理等方面。既可以自己派专人从事这项工作，也可以交给一些专业机构来为你处理。

下面以赢道顾问网络整合营销方案为例，说明如下①。

（一）5万元预算的立体营销方案

1. 媒体报道40篇，每篇发布5家指定媒体、5家转载媒体，同时发布到30家论坛。

2. 发表论坛推广大帖20篇，每篇发布到50家论坛，20条热帖（单条浏览量超1万）。

3. 百度知道/搜搜问问总计30条。

4. 百科词条2个、百度文库30篇，锁定热门关键词。

（二）10万元预算的立体营销方案

1. 媒体报道80篇，每篇发布到5家指定媒体、5家转载媒体，同时发布30家论坛。

2. 论坛推广大帖40篇，每篇发布到50家论坛，30条热帖（单条浏览量超1万）。

3. 百度知道/搜搜问问总计50条。

4. 百科词条4个、百度文库50篇，锁定热门关键词。

5. 漫画10幅（四格漫画、微漫画），每幅发布到50家论坛。

6. 微博维护1个，100篇原创微博，互动2 000次，粉丝1万。

7. 关键词搜索优化2个，锁定目标消费群体的热门词，搜索首页出现企业推广信息。

8. 5次以上策划方案支持。

---

① 《2013年农产品网络整合营销套餐》，载《中国经济导报》，2013年1月29日

（三）15 万元预算的立体营销方案

1. 媒体报道 120 篇，每篇发布到 5 家指定媒体、5 家转载媒体，同时发布 30 家论坛。

2. 论坛推广大帖 50 篇，每篇发布到 50 家论坛，40 条热帖（单条浏览量超 1 万）。

3. 百度知道/搜搜问问总计 100 条。

4. 百科词条 6 个、百度文库 100 篇，锁定热门关键词。

5. 漫画 10 幅（四格漫画、微漫画），每幅发布到 50 家论坛。

6. 微博维护 1 个，200 篇原创微博，互动 1 万次、粉丝 2 万。

7. 网络视频 1 段，发布到 6 家视频网站及 100 家论坛、个微博小号微博小号是与微博主号相对而言的，相当于“子公司”。小号的注册与微博（大号）一样，一个人可以注册多个，相互之间没什么直接关系。小号主要用来抒发一些不想让朋友知道的心情和感慨，以及刷粉丝之用。

微博小号是微博营销的主要方式之一，可以利用小号给予大号的影响力进行信息传播，从而达到营销的目的。浏览量超过 50 万。

8. 关键词搜索优化 4 个，锁定目标消费群体的热门词，搜索首页出现企业推广信息。

9. 7 次以上策划方案支持。

（四）20 万元预算的立体营销方案

1. 媒体报道 150 篇，每篇发布到 5 家指定媒体、5 家转载媒体，同时发布 30 家论坛。

2. 论坛推广大帖 70 篇，每篇发布到 50 家论坛，50 条热帖

（单条浏览量超1万）。

3. 百度知道/搜搜问问总计200条。

4. 百科词条10个、百度文库150篇，锁定热门关键词。

5. 漫画20幅（四格漫画、微漫画），每幅发布50家论坛。

6. 微博维护1个，500篇原创微博，互动2万次、粉丝4万。

7. 网络视频2段，发布6家视频网站及200家论坛、200个微博小号，浏览量超过100万。

8. 关键词搜索优化6个，锁定目标消费群体的热门词，搜索首页出现企业推广信息。

9. 9次以上策划方案支持。

（五）30万元预算的立体营销方案

1. 媒体报道200篇，每篇发布到5家指定媒体、5家转载媒体，同时发布30家论坛。

2. 论坛推广大帖100篇，每篇发布到50家论坛，80条热帖（单条浏览量超1万）。

3. 百度知道/搜搜问问总计200条。

4. 百科词条15个、百度文库200篇，锁定热门关键词。

5. 漫画50幅（四格漫画、微漫画），每幅发布到50家论坛。

6. 微博维护1个，800篇原创微博，互动3万次、粉丝6万。

7. 网络视频2段，发布到6家视频网站及200家论坛、200个微博小号，浏览量超过200万。

8. 关键词搜索优化8个，锁定目标消费群体的热门词，搜索首页出现企业推广信息。

9. 社会性网络（SNS）话题传播 2 次，红人及转发 5 000 次；电子邮件投递 100 万份；精美电子杂志 3 期，每期发布到 10 家网站（文字链接广告形式）。

10. 12 次以上策划方案支持。

（六）40 万元预算的立体营销方案

1. 媒体报道 260 篇，每篇发布到 6 家指定媒体、5 家转载媒体，同时发布到 30 家论坛。

2. 论坛推广大帖 150 篇，每篇发布到 50 家论坛，80 条热帖（单条浏览量超 1 万）。

3. 百度知道/搜搜问问总计 300 条。

4. 百科词条 20 个、百度文库 300 篇，锁定热门关键词。

5. 漫画 50 幅（四格漫画、微漫画），每幅发布到 50 家论坛。

6. 微博维护 1 个，1 000 篇原创微博，互动 4 万次、粉丝 7 万。

7. 网络视频 2 段，发布到 6 家视频网站及 400 家论坛、300 个微博小号，浏览量超过 300 万。

8. 关键词搜索优化 10 个，锁定目标消费群体的热门词，搜索首页出现企业推广信息。

9. 社会性网络（SNS）话题传播 2 次，红人及转发 5 000 次；电子邮件投递 100 万份；精美电子杂志 5 期，每期发布到 10 家网站（文字链接广告形式）。

10. 15 次以上策划方案支持。

二、电商与媒体的互动

《舌尖上的中国》的热播，给商家带来很多机会，也引来一场不小的争议。《舌尖上的中国2》发布官方声明，除与天猫和豆果网签约进行联合推广，其他商家并未获得授权，不排除采取法律手段追责。

很多商家借《舌尖上的中国2》开展相关营销活动，确实取得了不错的效果，否则商家也不会冒着侵权的风险去推广。但对比来看，与官方合作的平台能够获得更多资源，与消费者的互动也更加明显，关键就是在于场景的营销。

天猫与《舌尖上的中国2》的合作效果非常好，给相关商家带来了大量的订单，其他电子商务的效果似乎一般。为什么呢？与制作方合作的电子商务网站，双方能够有更好地互动体验。《舌尖上的中国2》节目组帮助筛选商品和商家，出现在电视节目里的相关商品，在天猫就能够直接购买到原型，消费者也就能“所见即所得”。而其他商家出售的相关商品，产品看上去可能是一样的，但未必就是出现在电视里的商家，消费者自然会在心里打上一个问号。

消费者为什么要去买那款商品呢？因为受到了电视节目的影响。他们有购买的决心，自然希望能够买到原型，而不是看上去一样的商品。食品是非常有讲究的，同样的商品不同的厂家，味道也许就会有天壤之别。所以，当电视节目播出相关食品后，天猫上的卖家就会收获大量订单，因为卖家就是电视节目中的卖家，可以买到跟电视上一样的美味，这就是电子商务与媒体的互动结果，营造了一个完全一样的场景，能够促使消费者产生购买行为。

根据官方的数据，仅仅一个周末的时间，就有540多万人次访问了天猫《舌尖上的中国2》独家合作页面，其中手机访问是PC端的5倍。这就意味着，很多人是一边看电视一边用手机来购买的，这是电视屏和手机屏的互动。这种互动的本质，就是有一个同样的场景，能够让消费者有同样的购买欲望，而不仅仅只是同样的主题。或者可以说，其他的电子商务渠道只是打出一个广告，而天猫是打造了一个完整的场景，两者有着本质的区别。

三、未来农业营销需全面对接 O2O 模式

所谓 O2O 就是 Online to Offline，也就是说将线下商务的机会与互联网结合在一起，让互联网成为线下交易的前台。这样线下服务就可以用线上来揽客，消费者可以用线上来筛选服务。成交也可以在线结算，很快达到规模。最重要的一点是：推广效果可查，每笔交易可跟踪。

整体来看，O2O 模式运行得好，将会达成“三赢”的效果，对本地商家来说，O2O 模式要求消费者网站支付，支付信息会成为商家了解消费者购物信息的渠道，方便商家对消费者购买数据的搜集，进而达成精准营销的目的，更好地维护并拓展客户。通过线上资源增加的顾客并不会给商家带来太多的成本，反而带来更多利润。此外，O2O 模式在一定程度上降低了商家对店铺地理位置的依赖，减少了租金方面的支出。对消费者而言，O2O 提供丰富、全面、及时的商家折扣信息，能够快捷筛选并订购适宜的商品或服务，且价格实惠。对服务提供商来说，O2O 模式可带来大规模高黏度的消费者，进而能争取到更多的商家资源。掌握庞大的消费者数据资源，且本地化程度较高的垂直网站借助 O2O 模式，还能为商家提供其他增值服务。

四、农产品流通形式的创新

农产品流通是指农副产品中的商品部分，通过买卖形式，实现从农业生产领域到消费领域转移的一种经济活动。农产品

独特的生物属性和商品属性决定了其在流通上与工业品的不同特点，工业品流通相对简单、容易，流通效益也高。而农产品中，棉麻品、粮食、肉类、果品、蔬菜，流通难易程度依次增高。

从生产特性看，农产品生产受季节性、地域性、弱质性(脆弱性)、周期性等特点制约；从商品特性看，农产品天然的生物属性，使其具有易腐性、非标准性等特点；从物流特性看，农产品的物流具有相对独立性，对技术要求高、专业性强、难度大，同时又具有季节性和地域性特点；从消费特性看，农产品的消费具有小批量、多品种、快变换的零细性，同时又具有全年性、经常性、需求刚性、习惯性。

(一) 农产品流通与工业品流通的相关特性比较

	生产特性	商品特性	物流特性	消费特性
农产品	规模与小生产并存；季节性；地域性；弱质性(脆弱性)；周期性	易腐性；笨重性；品质差异大(非标性)；价格波动大	相对独立性，对技术要求高、专业性强、难度大；加工增值；季节性和地域性；从农村流向城市	零细性(小批量、多品种、快变换)；全年性、经常性；需求固定性(刚性)；习惯性
工业品	规模化生产；全天候	耐储存；标准化；价格波动小	易运输；流向范围广	耐用；可替代性；需求弹性

上述农产品在流通上的诸多特性使农产品在传统的流通模式中会遇到很多问题。对经营者而言，不确定的销售增加了库存成本和耗损风险；对消费者而言，既需要为这些增加的成本埋单，同时又只能接受在冷库中存放许久，或者是7~8成熟时就摘下而后化学催熟的农产品。但是在电子商务的流通模式下，

农产品的信息流由以前的“单向延迟、线性传递、被动接受”变成“双向即时、网状连接、推拉互动”，生产者可以和消费者直接互动，消费者之间也可以横向交流，从而使得很多创新的销售方式有机会和有条件得以实践。在2013年整个农产品电子商务的发展中，可以看到许多这样的创新和趋势。

1. 预售模式走向成熟

在以电子商务为主导的农产品流通模式下，以销定产的C2B预售模式显示出了优越性。基于电子商务的预售模式汇聚了全国乃至全世界各地的原产地农产品，并通过网络预售定制模式减少农产品中间环节，对生产者和消费者都不无裨益。当生鲜农产品尚未收获时，就提前在网上售卖，收集完订单后，农民才开始采摘，安排发货——这样的预售模式让产地能够按需供应配送，大大降低农产品的库存风险、生产成本和损耗。消费者由此也能够获得最新鲜、性价比最高的原产地农产品。

以天猫预售平台“喵鲜生”为例，2013年完成农产品销售2.6亿元。生鲜类目是使用预售方式最多的农产品，销售1.98亿元，占比76%，其中，车厘子/樱桃为最大预售单品，完成4 532万元的销售额。除此之外，聚划算、淘宝“特色中国”等平台也密集开展了各类生鲜农产品的预售活动，包括新疆葡萄、云南鲜花和松茸、山东樱桃、贵州茶叶、千岛湖有机鱼等区域性特色农产品也都创下了惊人的销量。整个行业中，农产品的预售模式已经越来越普遍，各种规则和服务也越来越走向成熟。

2. 周期购模式的尝试

一部分农产品在需求上表现出了很强的周期性特征，如粮、油、牛奶等，它们已经成为消费者必不可少的日常需求。在传统的流通模式中，消费者需要定期去市场或超市进行采购。电子商务环境下，则有条件使这件事变得更加便利。

在2013年“双11”购物节活动中，针对上述有周期性需求的农产品，天猫尝试推出了“周期购”模式，消费者可以一次性采购半年或者全年的粮油奶等商品，而后卖家根据约定，按周或按月给消费者配送粮油产品。通过这种销售方式，消费者省却了日常频繁下单的麻烦，卖家或供应商也可以有针对性地调配库存，并为施行订单农业提供了基础和条件。

3. CSA与电子商务的结合

CSA（社区支持农业）的概念20世纪70年代起源于瑞士，并在日本得到最初的发展。当时的消费者为了寻找安全的食物，与那些希望建立稳定客源的农民携手合作，建立经济合作关系。21世纪以来，CSA的理念和实践在我国悄然兴起，但与国外不同，我国的CSA是从生产端开始的，即一群有理想的志愿者和农户生产出安全优质的农产品，但较高的成本却很难找到合适的消费者。

（二）电子商务与CSA的结合

蓬勃发展的电子商务给了CSA实践者们一双信息化的翅膀。清华女博士后石嫣创办的“分享收获”，除了按照传统方式招募志愿者与农民携手合作外，还在淘宝上开设了网店，将收获的农产品与新型流通方式对接，使得这个小区域经济合作方式随着网络逐步扩大，将理念传播到更多的消费者。她的淘宝店目前已是3钻的信用，月销量达到200多笔。在广东珠海，3个同样怀揣CSA理想的大学生，创建了“绿手指份额农园”，同样借助微博、淘宝等信息经济的方法和手段，在给消费者带来健康食源的同时，也成就了自己的创业梦想。

第七章　没有农业现代化不叫现代化

第一节　现代农业发展的必要性

一、什么是现代农业

现代农业是以专业化、标准化生产，集约化、规模化经营，社会化服务为主的农业。建设现代农业的过程，其实质就是改造传统农业、不断促进农村生产力发展的过程，通过转变农业增长方式，促进农业又好又快发展。

建设现代农业就是要用现代物质条件装备农业，用现代科学技术改造农业，用现代产业体系提升农业，用现代经营形式推进农业，用现代发展理念引领农业，用新型职业农民经营农业。

传统农业与现代农业相比，差异主要表现在以下几个方面（表 7－1）。

表 7－1　现代农业与传统农业的比较

项目	传统农业	现代农业	传统农业过渡到现代农业的条件
生产目标	传统农业以产量最大化为其生产目标，而增产的主要手段就是加大劳动的投入	现代农业以追求利润的最大化为生产目标，以一定的投入获取最大限度的利润	必须将农业生产的目标由满足自给性消费的产量最大化转变为商品性生产的利润最大化，完成这一特变的首要条件是：农业劳动力比重的下降和农业人口压力的缓解

（续表）

项目	传统农业	现代农业	传统农业过渡到现代农业的条件
技术含量	传统农业技术含量低，农业生产所需的劳动力数量较多，国家对农业的投入较少。农业机械的应用和推广往往受到抑制	现代农业是用现代科学技术武装起来的农业，现代农业要素投入增长，农业现代科学技术含量提高，农业部门劳动力容量减少	农业技术进步，现代化工业部门和服务部门能为现代农业提供相应的要素
经营规模	传统农业主要是分散的小户经营	现代农业需实现一定程度的规模经营，这种规模应适度	①现代农业是集约化农业，要求生产要素聚集，一家一户精耕细作的小农生产方式已经无法适应这种需要，必须开展规模经营。②现代农业是标准化农业，农产品的标准化生产、安全追溯体系的建立都要求一定的规模，一家一户成本很高，无法实现。③现代农业还是一个品牌化的农业，农产品是产品质量、商品信誉、当地农耕文化、传统特色等要素的结合体，要求一定的规模

二、发展现代农业的必要性

发达国家现代农业的发展对我国现代农业的发展具有一定的借鉴作用，但我国现代农业的发展又不能完全照搬国外现代农业发展的模式，需要走中国特色的现代农业发展之路。

（一）农业生产与环境保护并重，增强农业的可持续发展能力

现代农业要求实现经济增长与生态文明相得益彰，就是要在推进农业发展的基础上保护好生态环境，这是增强农业可持续发展能力的基础。土地资源、水资源、气候资源和生物资源

等农业自然资源是农业发展的根基，任何资源的利用和开发必须建立在充分、高效和科学的基础之上。提高农业投入品效益，减少对环境的污染。

（二）创新农业生产经营模式，促进农业发展、扩大就业和民生改善

创新农业生产经营模式，坚持以家庭承包经营为基础，以发展多种形式的适度规模经营和培育新型经营主体为重点，创新农业生产经营体制，不断提高农业生产组织化程度，实现农民增收与充分就业的相互统一。

（三）加强农村教育建设，推进农业产业水平提高和城乡协调发展

现代农业使得大量的农村劳动力源源不断地涌入城市，出现了农村“空心村”与城市就业难、城市拥挤和交通堵塞等相对立的矛盾。从表面上看，劳动力需求下降是由农业机械化的使用导致，深层次的原因是由城市高度发展的教育和医疗水平形成的农村劳动者想参与分享教育、医疗服务成果的驱动力的使然。

人的素质的提高、全面自由发展能力的增强以及农村与城市发展的协调性是建设现代农业的基础。只有解决了农村劳动者的受教育、就业和社会保障问题，增强其就业能力、扩大其分享经济发展成果的机会及水平，才有更多高素质劳动力愿意留在农村，这样既可以解决农业发展的劳动力问题，又可以缓解由大量农村劳动力涌入城市带来的一系列难题。

第二节　现代农业的模式

一、生态农业

（一）生态农业的概念

生态农业是20世纪60年代末期作为解决“石油农业”的弊端而出现的，被认为是继“石油农业”之后世界农业发展的一个重要阶段。生态农业主要是通过提高太阳能的固定率和利用率、生物能的转化率、废弃物的再循环利用率等，促进物质在农业生态系统内部的循环利用和多次重复利用，以尽可能少的投入，求得尽可能多的产出，并获得生产发展、能源再利用、生态环境保护、经济效益等相统一的综合性效果，使农业生产处于良性循环中。生态农业不同于一般农业，它不仅避免了“石油农业”的弊端，并且发挥出了明显的优越性。通过适量施用化肥和低毒高效农药等，生态农业突破了传统农业的局限性，但又保持其精耕细作、施用有机肥、间作套种等优良传统。生态农业既是有机农业与无机农业相结合的综合体，又是一个庞大的综合系统工程和高效的、复杂的人工生态系统以及先进的农业生产体系。

综上所述，我国的生态农业是指在保护、改善农业生态环境的思想指导下。按照农业生态系统内物种共生、物质循环、能量多层次利用等生态学原理和经济学原理。因地制宜，运用系统工程方法和现代科学技术，运用现代科学技术成果和现代管理手段，以及传统农业的有效经验建立起来的，集约化经营的农业发展模式。充分发挥地区资源优势，依据经济发展水平及“整体、协调、循环、再生”原则，运用系统工程方法，全面规划、合理组织农业生产，实现农业高产优质高效持续发展，达到生态和经济两个系统的良性循环，使农业的经济效益、生态效益、社会效益协调统一的现代化农业。

（二）生态农业的发展趋势

1. 生态农业产业化

21 世纪全球经济生态化、知识化的趋势，决定了生态产业是产业革命的必然结果。同样，21 世纪的现代化发展方向也必然使农业现代化纳入生态发展的轨道。由于当前我国农业出现的社会效益与自身经济效益的矛盾、分散农户与大市场的矛盾以及受市场和自然资源双重约束的几大矛盾并没有完全解决，农业生产从数量向品种、质量转化，产值贡献弱化，市场贡献以及农业环境贡献逐渐增大的现实，决定了发展生态农业，特别是生态农业产业化的必要性。

2. 生态农产品质量标准化，生态农业生产规范化

国内农产品质量标准制订的滞后，直接影响了我国农产品质量的提高，降低了我国农产品在国际市场中的竞争力，因此，应加快农产品质量标准的制订。在进一步完善农业生态环境监测网的基础上，应重点加强农产品质量安全检测机构建设，形成功能齐全的省、市、县梯级农产品质量检测体系。通过全国农产品监测网络，对农产品质量实施统一的监测监控，对农产品的生产过程进行全程监控，使质量管理关口前移，提高农产品的质量与安全性，保证向市场提供无公害、绿色或有机食品，提高产品的品牌价值和信誉度，建设完善的市场与流通体系，维护生产者和消费者的利益。

3. 科技对生态农业发展的促进作用将得到强化

农业高科技日益成为发达国家农业持续发展和产业升级换代的支撑，利用现代生物技术培育新品种，进行生物病虫害防治，提高农产品产量和品质，降低生产成本，已经渗透到农业的常规技术领域。而我国在生态农业产业化方面还缺乏相应的原创性研究和应用，与发达国家相比差距较大。所以，我们要加大农业科技投入，鼓励科技创新，加快科技发展，提高产品的技术含量和科技附加值，解决我国农产品技术含量较低的致命弱势。

（三）中国生态农业的技术措施

生态农业是从生物与环境两个方面来研究农业的生产过程，所以，生态农业技术措施也应该包括这两个方面的内容。

1. 水土流失和土地沙化综合治理技术

防止水土流失最主要的措施就是增加植被，严禁毁林开荒，实行造林种草，封山育林，在农业生产中采用等高种植法，以及横坡带状间作等方法。

2. 防止土壤污染技术

控制和消除外排污染源，严格控制污染物进入土壤；研制生产高效、低毒、低残留的新型农药，代替剧毒高残留农药；利用生物防治技术，实现以虫治虫，以菌治虫；利用微生物的转化、降解作用，减少污染物的残留。

3. 水体富营养化的防治技术

水体富营养化是指在人类活动影响下，水体中的氮、磷等营养物质含量增高，使水中的藻类等生物大量繁殖而对水体产生危害。控制方法包括：控制外源性营养物质输入，减少水体营养物质富集的可能性；减少内源性营养物质积聚，挖掘底泥沉积物，进行水体深层暴气；用化学药剂杀藻；利用水生生物（如凤眼莲、芦苇、丽藻等）吸收利用氮、磷元素，以除去这些营养物质。

4. 生物共生互惠及立体布局技术

共生互惠和立体布局包括植物与植物、植物与动物、动物与动物等的相互组配和合理布局，如稻田养鱼，蔗田种蘑菇，鲢、鳙鱼、草鱼、鲫鱼和河蚌混养等。

5. 农业环境和农业生产自净技术

自净技术即是在生产系统内，将上一级生产产出的废弃物，变为下一级生产的有效投入，从而避免污染物的外排而影响环境洁净的技术。如人畜粪尿还田，田边和村边种植防护林带，鸡（粪）—猪（粪）—鱼（塘泥）—作物（农副产品）—鸡、猪食物链技术等。

6. 有害生物的综合治理技术

综合治理技术包括病虫害、杂草的生物防治技术，采用作物的间套轮作、不同耕作等方法，以及利用各种物理、机械方法防治病虫草害等。

7. 农村能源的开发和利用

（1）充分利用太阳能。如建太阳能温室、塑料大棚、地膜覆盖、太阳能干燥器、太阳能取暖器、太阳能蓄水池等。大力营造薪炭林，解决农村能源短缺的问题。

（2）积极发展沼气。

（3）用风能、水能以及其他能源。

（四）中国生态农业建设的模式

生态农业模式是整个生态农业借以组装和运行的蓝图，是各组成要素在整个系统网络中的地位和相互循环关系的具体表达。我国的生态农业模式类型多种多样，由于农业系统及其组成要素的多样性和复杂性，目前尚无统一的分类体系，结合当前的生产实践和研究成果大致可分为以下几种类型。

1. 立体利用型

根据具体条件，采用各种垂直布局。随着生态农业发展，它的内容越来越丰富，形式越来越多样。大范围的立体利用是山水田林路按照地形、地貌，以及小气候、土质、农田、村舍、道路、沟渠的特点，进行立体布置，把上方的山、坡和下方的农田作为一个生态系统整体来建设，被称为立体农业（见图5－2）。小范围的立体利用则是在一块农田或一片林果地的立体布置。地处山区的山西绛县，按海拔高低层次，进行立体布局。在千米高海拔的山崖陡坡种植油松等用材林，称大“松柏盖顶”；在海拔稍低的缓坡地带，种植山楂、核桃、花椒等经济林，称为“花果缠腰”；而山脚、复垦地栽苹果、烟草，称为“药果烟盘底”。至于农田的立体利用，可采取高矮作物间作，耐荫与喜阳作物间作，乃至在高秆或高架作物之下养殖鹅、鸭，培植食用菌等，既能分层分期（有时利用两种作物彼此错开需要充足阳光的阶段）利用阳光，又各得其所，地尽其利。近年许多农场和农户在葡萄园地面养鹅吃草，或甘蔗地行间养鸭，或在葡萄园开深沟，既排水又在沟内养殖，形成高度集约利用土地、水面等资源的立体生产，都取得了很好的经济效益和生态效益。

2. 沼气利用型

沼气利用型是以农业生产为基础的家庭经济发展类型，它以沼气为纽带，利用食物链加循环技术将种植业、养殖业及加工业联系在一起，通过增加畜禽饲养和沼气池厌氧发酵，将传统的单一种植和高效饲料以及废弃物综合利用有机地结合起来，在农业系统内做到能量多级利用、物质良性循环。如南方的“猪—沼—果”模式。

3. 食物链型

食物链型主要涉及有食物链关系的初级生产者、次级生产者和分解者之间的搭配。这类模式在我国生态农业建设实践中得到最广泛的运用。根据食物链的结构可分为：

（1）食物链延伸模式

如利用作物秸秆作饲料养猪，猪粪养蛆，蛆喂鸡，鸡粪施于作物。在这种循环中，废弃物被合理利用，可减少环境污染，从而建立取食、寄生、捕食、防污的食物链模式，还可以利用食物链进行有害生物综合防治，减少农药的使用量以保证农作物的优质、安全，如赤眼蜂食玉米螟模式、七星瓢虫捕食棉蚜虫模式、森林灰喜鹊食松毛虫模式等。

（2）食物链阻断模式

该模式即在污染出现时，为阻断污染物的食物链浓缩，需打断食物链联系。如在农田生产中可采用种植花卉、用材林、草坪等非食物生产模式，在水体可采用养殖观赏鱼类的生产模式。这是一种按照农业生态系统的能量流动和物质循环规律而设计的良性循环的农业生态系统。

4. 生物互利共生型

该类型利用生物群落内各层生物的不同生态特性及互利共

生关系，分层利用空间，提高生态系统光能利用率和土地生产力，增加物质生产。这是一个在空间上多层次，在时间上多序列的产业结构类型，使处于不同生态位的各生物类群在系统中各得其所、相得益彰、互惠互利，充分利用太阳能、水分和矿物质营养元素，实现对农业生态系统空间资源和土地资源的充分利用，从而提高资源的利用和生物产品的产出，获得较高的经济效益和生态效益。生物互利共生型以先进适用的农业技术为基础，以保护和改善农业生态环境为核心，强化农田基本建设，提高单产。该类型主要包括农林牧副渔复合型、农作物复合种植型、其他复合型几种类型。

5. 产业链延长增值型

该类型是以经济效益为中心，以农业可持续发展为目标，将农业生产中的主产品或副产品加工增值，从而增加农业产值，并努力实现生产的产业化，促进产、加、销、贸一体化的农业生产模式，如青贮玉米—饲料模式、玉米—猪—肉罐头模式等。

6. 环境治理型

该类型采用生物措施和工程措施相结合方法，综合治理水土流失、草原退化、沙漠化、盐碱化等生态环境恶化区域，通过植树造林、改良土壤、兴修水利、农田基本建设等，并配合模拟自然群落的方式，实行乔木、灌木、草结合，建立多层次、多年生、多品种的复合群落生物措施，是生物措施与工程技术的综合运用模式。它包括以下4种模式。

（1）丘陵山区小流域综合治理模式。该模式在水土流失较为严重的地区以植树造林为主要途径，发展林果、养殖等产业，实行小流域的综合治理，改善生态环境，逐步创造良好的农业发展环境。主要采取退耕还林、还草、封山绿化的综合措施，加强对天然林的保护，集雨灌概，涵养水源，防水固土，保持土壤肥力，在陡坡地栽种用材林，在缓坡地栽种经济林，在平地搞养殖、经济作物种植及农产品加工。在农牧结合区，采用以沼气工程为纽带的生态农业模式，以农带牧，以沼促粮、草、果种植业，形成生态系统和产业链合理循环。

（2）盐碱地治理模式。该模式采用打浅井、开深沟、建造人工防护林，引进抗盐碱的豆科牧草发展畜牧业，种植青绿肥增加有机质等。

（3）草地恢复与生态牧业模式。该模式根据草场类型和产草量，确定不同牲畜的种群结构和载畜量，分地区分季节安排牧业生产；退耕还草还牧，提高草地的产草量；缩短育肥周期，养活载畜量和放牧强度；引导牧民从事畜产品加工业等行业。

（4）保护性耕作模式。该模式在保证种子能发芽的基础上尽可能减少土壤耕作，并用作物秸秆、残茬覆盖地表，用化学药物来控制杂草和病虫害，从而减少土壤风蚀、水蚀，提高土壤肥力和抗旱能力。保护性耕作模式是干旱少雨、风蚀严重地区应对恶劣环境的重要模式。

7. 资源开发利用型

该类型主要分布在山区及沿海滩涂和平原水网地区的荡滩，这些地区农业发展潜力较大，有大量自然资源未得到充分开发或很好地利用。通过因地制宜、全面规划、综合开发，利用改造荒山、荒坡、荒滩、荒水，实行资源开发与环境治理相结合，治山与治穷相结合，可全面促进环境建设、生产建设和经济建设。该模式适用于农业发展潜力大、生态环境好、资源丰富但未得到充分开发或利用的地区。

8. 观光旅游型

该类型是运用生态学、生态经济学原理，将生态农业建设和旅游观光结合在一起的良性模式。在效能发达的城市郊区或旅游区附近，以当地山水资源和自然景色为依托，以农业作为旅游的主题，根据自身特点，将旅游观光、休闲娱乐、科研和生产结合为一体的农业生产体系。根据农业观光园的应用特点将其分为观光农园、农业公园、教育农园3类。

（1）观光农园型。以生产农作物、园艺作物、花卉、茶等为主营项目，让游人参与生产、管理及收获等活动，还可让游客欣赏、品尝、购买园区的作物。它又可细分为观光果园、观光菜园、观光花园（圃）、观光茶园等。如北京朝来农艺园、河南世锦花木公司等。

（2）农业公园型。把农业生产、农产品销售、旅游、休闲娱乐和园林结合起来的园区称为农业公园。这类农园应注重在休闲、旅、度假、食宿、购物（农产品）、会议、娱乐设施等方面的完善，注重人文资源和历史资源的开发，是一种综合性的农业观光园。如湖北宜昌的旅游型景观农业区、四川的九寨沟、浙江义乌的农业现代化示范区、河南省淮阳市的中原绿色庄园等。

（3）教育农园型。该类型既兼顾农业生产、农业科普教育，又兼顾园林和旅游，故称为教育农园。其园内的植物类别、先进性、代表性形态特征和造型特点等不仅能给游园者以科普知识教育，而且能展示科学技术就是生产力的实景；既能获得一定的经济效益，又能陶冶人们的性情，丰富人们的业余文化生活，从而达到娱乐身心的目的。如深圳的世界农业博览园、上海孙桥的现代农业开发区、河南省郑州市陈寨村的特色植物展示园等。

二、观光休闲农业

(一) 观光休闲农业的概念

观光休闲农业是利用农村景观、农业活动、农村民俗文化，通过规划和开发，为人们提供兼有观光、休闲、娱乐、教育、生产等多种功能为一体的农业旅游活动，是一种生态旅游新类型。观光休闲农业的发展，将农业观光、农事体验、生态休闲、自然景观、农耕文化等有机结合起来，既满足了城市居民崇尚自然、回归自然、享受自然的需要，又促进了乡村旅游业的崛起。

由于我国的休闲观光农业起步较晚，目前还存在以下不足：一是缺乏科学规划，现有的观光休闲农业基本上处于乡村和工商业主自发状态，缺少整体规划和科学认证，模式单一、风格雷同，缺少各自的独特创意；二是品位档次不高，经营规模偏小，项目内容单调，赋予特色的为数不多，影响了经济效益的提高；三是管理服务不够规范，管理人员绝大多数是原来的生产、加工、营销的人员，服务人员基本上向社会招收，缺乏管理经验，整体素质较低；四是政策扶持力度不大，要素“瓶颈”制约了观光休闲农业的发展。

(二) 我国观光休闲农业的发展思路

1. 因地制宜，科学规划

发展休闲观光农业要从长计议、系统筹划，科学制订发展规划。由于各地环境不同，地理因素各异，产业特色有别。因此，在编制规划时，要按照“因地制宜、突出特色、合理布局、和谐发展”和“合理开发、永续利用、保护耕地”的要求，注重区域定位、功能定位、形态定位，避免雷同、重复建设，克服盲目追求高档，贪大求洋，甚至“毁农造景”的现象。做到有序发展、相对集中、规模开发。休闲观光农业规划要与土地利用总体规划、农业发展规划、城市旅游规划、新农村建设规划相互衔接，确保规划的整体性、前瞻性和延续性。充分利用田园景观、村居民舍、乡土风情、农耕民族文化等资源，将农业生产、生活、生态协调融合，使特色农业得到展示，旅游项目得到发挥，环境保护得到加强，实现人与自然的和谐发展。

2. 注重特色，农旅结合

发展休闲观光农业必须要坚持以农业为基础，农民为主体，农村为特色，把农业产业发展、增加农民收入放在首位。项目建设要突出农味，吃农家饭、住农家屋，干农家活、享农家乐，拓展设施栽培、生态养殖、立体种养、种养加一体化等高效生态农业模式的功能，达到游客求变、求异、求新、求特、求美的消费心理。休闲观光农业既是“三农”的延伸，又是旅游业空间的拓展。在强调以农为本的同时，也要重视兴旅，灵活运用“农中有旅，以旅强农，农旅结合，强农兴旅”，突出休闲性，增强参与性，体现娱乐性，满足不同消费人群，使游客真实体验到地道的农家之乐。

3. 加强管理，规范发展

发展休闲观光农业，服务是核心，安全是保证，必须规范内部管理，提高服务质量，确保游客身体健康、生命安全。要制定行业管理标准和服务管理办法，做到有标可查、有章可循，构建完善的质量安全管理体系。结合农村劳动素质培训，对从业人员加强农艺知识、菜肴烹饪、食品卫生、安全生产、诚信意识、森林防火等方面的培训，提高其综合素质和服务水准。

积极培育和组建休闲观光农业的行业协会、专业合作社等中介服务组织，增强行业自我服务、自我管理、自我约束、自我发展。业务主管部门要经常性地开展检查、指导，实行有效的监督管理，及时化解风险，帮助解决困难，真正打造一批特色突出、经营规范、服务周到、安全卫生，深受游客欢迎的休闲观光农业项目。

4. 优化环境，联动协作

休闲观光农业是时代发展和社会进步的产物，也是一项系统性极强的工程，需要各级各部门的协调配合、联动协作。财政部门要安排专项资金，列入年度预算，重点扶持特色明显、运行规范、前景广阔的休闲观光农业项目，同时要鼓励引导工商资本、民营资本、外来资本投资开发，建立起“政府扶持、业主为主、社会参与”的投入机制。金融部门要优化信贷结构，把休闲观光农业建设纳入支农重点，适当放宽担保抵押条件，简化审批手续，并给予贷款利率和时间上的优惠。农业部门积极创新土地流转机制，按照“自愿、依法、有偿”的原则，采取转让、出租、互换、入股等形式，推进土地规模经营。国土部门要鼓励开发废弃园地、林地、荒山等，盘活存量土地、对休闲观光农业管理配套设施用地实行用地倾斜，其他有关部门都要按照各自的职能，为休闲观光农业的发展提供强有力的保障。

5. 加强领导，强化宣传

发展休闲观光农业是落实科学发展观、走创业创新之路的有效举措，是发展现代农业、建设社会主义新农村的客观要求，也是促进农业增效、农民增收、农村发展的有效途径。各级各部门一定要统一思想，达成共识，创新思路，精心组织，狠抓落实，进一步加强对休闲观光农业的领导。同时，要加大宣传力度，扩大影响，提高知名度。通过各种新闻媒体，及时报道先进典型，发挥舆论导向作用，营造休闲观光农业发展氛围。通过举办或参与各种节庆、节会等活动，搭建平台、设立窗口，展示休闲观光农业风采，扩大市场效率。通过项目策划包装，打造精品亮点，实施品牌战略，推进休闲观光农业有序、快速、持续、健康发展。

（三）我国观光休闲农业的具体发展方向

1. 依托田园和生态景观

乡村田园生态景观是现代城市居民闲暇生活的向往和旅游消费时尚，也是观光休闲农业赖以发展的基础。因此：①在选址上，首先要考虑以周边优美的农村生态景观为依托，并与所规划的观光休闲农业项目特色相匹配。②在规划上，要以农业田园景观和农村文化景观为铺垫。选择园林、花卉、蔬菜、水果等特色作物，高新农业技术，特色农村文化，作为规划的基本元素。③在建设上，既要对农村环境的落后面貌进行必要的改造，同时要注意保护农村生态的原真性。

2. 重视休憩和体验设计

观光休闲农业的客源，在节假日主要是近距离城市休憩放松的上班族，上班时间主要为退休人员，也有业务洽谈和会议选在生态景观和设施条件较好的观光休闲农业景点进行。去观光休闲农业消遣已经成为不少城市居民的一种生活方式。因此，策划成功的关键之一是如何处理好“静”和“动”，即养生休闲和运动休闲的关系。休憩节点的设计要“静”，所谓“静”就是田园的恬静和农家的祥和，就是要为人们提供恬静休闲的空间和场所。“动”主要是娱乐游憩或农事体验，要做到“动”

的项目寓于“静”的景观之中。这样，既能满足城镇居民渴望回归自然、放松身心的休闲需求，又能满足城镇居民科学文化认知的需要，还能延长游憩时间，增加二次消费。

3. 挖掘民俗和农耕文化

要保持观光休闲农业项目长期繁荣兴盛，就应该在丰富观光休闲农业的文化内涵上下工夫。深入挖掘农村民俗文化和农耕文化资源，提升观光休闲农业的文化品位，实现自然生态和人文生态的有机结合。如传统农居、家具，传统作坊、器具，民间演艺、游戏，民间楹联、匾牌，民间歌赋、传说，名人胜地、古迹，农家土菜、饮品，农耕谚语、农具等都是观光休闲农业景观规划、项目策划和单体设计中可以开发利用的重要民间文化和农耕文化资源。

4. 突出特色和主题策划

特色是观光休闲农业产品的核心竞争力，主题是观光休闲农业产品的核心吸引力。要认真摸清可开发的资源情况，分析周边观光休闲农业项目特点，巧用不同的农业生产与农村文化资源营造特色。农村资源具有的地域性、季节性、景观性、生态性、知识性、文化性、传统性等特点都是营造特色时可利用的特性。根据资源特性和项目定位，进行主题策划。

三、设施农业

设施农业就是运用现代工业技术成果和方法、用工程建设的手段为农产品生产提供可以人为控制和调节的环境和条件，使植物和动物处于最佳的生长状态，使光、热、土地等资源得到最充分的利用，形成农产品的工业化生产和周年生产，从而更加有效地保证农产品的供应，提高农产品质量、生产规模和经济效益，促进农业现代化。

设施农业主要内容是与集约化种、养殖业相关的园艺设施和畜禽舍的环境创造、环境控制技术及与其配套的各种技术和装备。因此，设施农业又被称为工厂化农业。

（一）设施农业的概念

设施农业是在不适宜生物生长发育的环境条件下，通过建立结构设施，在充分利用自然环境条件的基础上，人为地创造生物生长发育的生长环境条件，实现高产、高效的现代农业生产方式，包括设施种植和设施养殖。通常所说的设施农业是设施种植，即植物的设施栽培，是指在采用各种材料建成的，具有对温、光、水、肥、气等环境因素控制的空间里，进行植物栽培的农业生产方法。

设施农业作为农业生态系统的一个子系统，既具有农业生态系统的一般特征，也具有与一般生态系统明显不同的自身特点：一是人的干预和控制性强，包括对种群结构、环境结构、产品形态和流通、采收与上市等都有人的干预和控制；二是物资和资金投入大，设施农业是集约化程度非常高的现代农业生产方式，自然要求有大量物质能量的投入；三是具有生态、经济的双重性，属于典型的生态经济系统；四是地域差异性显著。

从长远看设施农业，一是提高了农产品品质要求。农业由数量型向质量型提高，解决大宗产品结构性剩余矛盾，加快农业产业升级换代依靠设施农业已成必然措施之一。二是发展现代农业要求，发展高效农业对农业生产管理提出更高要求，农业生产各个环节都要采用现代化手段，实施科学管理，规模集约经营，提高农业设施化、标准化是现代农业重要内涵。三是出口市场需要。设施农业是废除技术壁垒，绿色壁垒重要技术手段。四是保护环境，持续发展的需要。

（二）我国设施农业的研究重点及发展趋势

1. 我国设施农业中应用的现代工业技术

（1）机械技术育苗播种机械、耕作收获机械、灌溉施肥植保机械、传感执行机械、加温通风设备、预冷储藏设备、包装分级机械、运输机械、基质消毒设备等。

（2）工程技术建筑结构工程、材料工程（包括温室骨架材料、覆盖材料、工程塑料）和节水、节能工程等。

（3）计算机与自动控制技术光、温、水、肥、气等因子的自动监控，作业机械的自动化控制等。

（4）信息技术以产品、市场、技术和市场等为主要内容的网络化管理、模式化运行、远程服务等。

（5）生物技术生物制剂、生物农药、生物肥料等专用生产资料的制备与生产。

2. 我国设施农业研究重点方向

（1）适宜于不同地区、不同生态类型的新型系列温室及相关设施的研究开发，提高我国自主创新能力和设施环境的自动化控制技术水平。

（2）设施配套技术与装备的研究开发，包括温室用新材料、小型农机具和温室传动机构、自动控制系统等关键配套产品，提高机械化作业水平和劳动生产率。

（3）温室资源高效利用技术研究开发，如节水节肥技术、增温降温节能技术、补光技术、隔热保温技术等，降低消耗，提高资源利用率。

（4）采后加工处理技术研究开发，包括采后清洗、分级、预冷、加工、包装、储藏、运输等过程的工艺技术及配套设施、装备等，提高产品附加值和国际市场竞争力。

（5）设施栽培高产优质并具有自主知识产权的创新品种选育研究，改变我国设施园艺主栽品种长期依赖国外进口的局面。

（6）设施农业高产优质栽培技术和不同品种、不同生态类型模式化栽培技术研究以及生产安全技术研究，如绿色产品生产技术、环境控制与污染治理技术、土壤和水资源保护技术等。

（7）温室设施与设施农业产品生产标准化研究，包括温室及配套设施性能、结构、设计、安装、建设、使用标准；设施栽培工艺与生产技术规程标准；产品质量与监测技术标准等。

3. 我国设施农业发展趋势

（1）大型园艺设施的比重明显加大，其原因主要是随着设施园艺的迅速发展，设施蔬菜等超时令、反季节园艺产品的季节差价明显缩小，小型设施的单位面积产出率低、比较效益下滑，收益显著低于大型设施，加上作业不便，劳作强度大，逐步富裕起来的农民也需要改善劳动条件。

（2）节能日光温室发展迅猛，加温温室发展缓慢，普通日光温室面积的比重由70%下降到34%；节能日光温室则从无到有，在温室面积中的比重猛增至61%。

（3）以遮阳网覆盖栽培为主的夏季设施园艺快速发展，20世纪80年代后期，国产耐候塑料遮阳网试制成功，首先在蔬菜生产上进行应用研究和示范推广，并迅速在花卉和茶叶生产上推广应用。

（4）现代化连栋温室发展加速，20世纪70年代末至80年代初，我国从日本、欧美引进的现代化连栋温室，由于使用效果普遍不佳，引进和发展现代化连栋温室开始降温。进入21世纪以后，特别是2003年以来，随着创办农业科技示范园区的工作得到各级领导的高度重视，各地发展现代化连栋温室急剧升温，相继大量引进发达国家的现代化连栋温室，同时也带动了国产现代化连栋温室制造业的发展。

（5）优质高产栽培和无公害生产技术体系开发取得可喜进展，20 世纪 80 年代初，我国山西太原曾创造出塑料大棚番茄持续高产的经验，随后河北、山东等地也涌现了一批日光温室蔬菜高产典型。从设施大棚中生产出的无公害、绿色、有机农产品的比例也在逐步增加。

（三）设施农业的类型

目前我国设施农业的种类很多，形式各异，一般分为塑料大棚、小拱棚（遮阳棚）、日光温室、玻璃/PC 板连栋温室（塑料连栋温室）、植物工厂等。

1. 小拱棚

小拱棚（遮阳棚）的特点是制作简单，投资少，作业方便，管理非常省事。其缺点是不宜使用各种装备设施，并且劳动强度大，抗灾能力差，增产效果不显著。主要用于种植蔬菜、瓜果和食用菌等。

2. 塑料大棚

塑料大棚是我国北方地区传统的温室，农户易于接受。塑料大棚以其内部结构用料不同，分为竹木结构、全竹结构、钢竹混合结构、钢管（焊接）结构、钢管装配结构以及水泥结构等。总体来说，塑料大棚造价比日光温室要低，安装拆卸简便，通风透光效果好，使用年限较长，主要用于果蔬瓜类的栽培和种植。其缺点是棚内立柱过多，不宜进行机械化操作，防灾能力弱，一般不用于越冬生产。

3. 日光温室

日光温室有采光性和保温性能好、取材方便、造价适中、节能效果明显，适合小型机械作业的优点。天津市推广新型节能日光温室，其采光、保温及蓄热性能很好，便于机械作业，其缺点在于环境的调控能力和抗御自然灾害的能力较差，主要种植蔬菜、瓜果及花卉等。青海省比较普遍的多为日光节能温室，辽宁省也将发展日光温室作为该省设施农业的重要类型，甘肃、新疆维吾尔自治区、山西和山东日光温室分布比较广泛。

4. 连栋温室

连栋温室有玻璃/PC 板连栋温室和塑料连栋温室两类。

玻璃/PC 板连栋温室具有自动化、智能化、机械化程度高的特点，温室内部具备保温、光照、通风和喷灌设施，可进行立体种植，属于现代化大型温室。其优点在于采光时间长，抗风和抗逆能力强，主要制约因素是建造成本过高。福建、浙江、上海等地的玻璃/PC 板连栋温室在防抗台风等自然灾害方面具有很好的示范作用。塑料连栋温室以钢架结构为主，主要用于种植蔬菜、瓜果和普通花卉等。其优点是使用寿命长，稳定性好，具有防雨、抗风等功能，自动化程度高；其缺点与玻璃/PC 板连栋温室相似，一次性投资大，对技术和管理水平要求高。一般作为玻璃/PC 板连栋温室的替代品，更多用于现代设施农业的示范和推广。

5. 植物工厂

植物工厂是继温室栽培之后发展的一种高度专业化、现代化的设施农业。它与温室生产的不同点在于完全摆脱大田生产条件下自然条件和气候的制约，应用现代化先进技术设备，完全由人工控制环境条件，全年均衡供应农产品。目前，高效益的植物工厂在某些发达国家发展迅速，已经实现了工厂化生产蔬菜、食用菌和名贵花木等。美国现在正在研究利用“植物工厂”种植小麦、水稻，以及进行植物组织培养和脱毒、快繁。据报道，日本已有企业投资兴建了面积为1 500平方米的植物工厂，并安装有农用机器人，从播种、培育到收获实现了电气化。由于这种植物工厂的作物生长环境不受外界气候等条件影响，蔬菜种苗移栽2周后，即可收获，全年收获产品20茬以上，蔬菜一般平均年产量是露地栽培的数十倍，是温室栽培的10倍以上。荷兰、美国采用工厂化生产蘑菇，每年可栽培6.5个周期，每周期只需20天，产蘑菇每平方米25.27千克。目前，世界上约有28个植物工厂。

四、标准化农业

（一）标准化农业的概念

标准化农业是以农业为对象的标准化活动，即运用“统一、简化、协调、选优”原则，通过制定和实施标准，把农业产前、产中、产后各个环节纳入标准生产和标准管理的轨道。农业标准化是农业现代化建设的一项重要内容，它通过把先进的科学技术和成熟的经验组装成农业标准，推广应用到农业生产和经营活动中，把科技成果转化为现实的生产力，从而取得经济、社会和生态的最佳效益，达到高产、优质、高效的目的。农业标准化的内容十分广泛，主要有农业基础标准、种子种苗标准、产品标准、方法标准、环境保护标准、卫生标准、农业工程和工程构件标准、管理标准等八项。

（二）标准化农业特征

我国于2001年启动“无公害食品行动计划”，2002年全国各地高度重视农业标准化体系建设，并加以推广实施，这标志着我国农业标准化生产迈上了一个新的台阶。

1. 以标准需求为动因

要为人类提供标准农产品，无疑必须发展标准农业，以满足人们对标准农产品的需求。一是健康需求，即人们对农产品的标准需求应满足人们的健康需要，农产品各种物质的含量应与人们的健康需要相一致。二是多维需求，即人们对农产品的标准需求应满足人们的多维需求，也即不仅仅局限于营养和品尝需求，而且还包括卫生和审美需求。三是水平需求，即人们对农产品的标准需求总是随着人们生活水平的提高特别是生活质量水平的提高而提高。

2. 以标准产品为目标

标准农产品一般应具备如下 4 种统一标准：一是营养标准。人类要健康，这些营养素的数量必须能满足人体的要求，每一农产品都包含若干种营养素，标准农产品所包含的各种营养素含量都必须达到统一的标准。二是品尝标准。标准农业生产的农产品必须满足人们的品尝需要，符合人们的品感。三是卫生标准。标准农业生产的农产品必须能满足人们健康需要，符合人们的健康要求，特别是有害物质含量绝对不能超标。四是审美标准。标准农业生产的农产品还必须能满足人们的审美需要，符合人们的审美要求，产品外观要有美感，且同种产品外观要一致。

3. 以标准理念为指导

要发展标准农业，生产标准产品，必须树立农业标准化理念，以标准文化为向导，形成标准的思维方式，培育标准的行为方式，追求标准的农业事业。确切地讲，标准农业文化指的是在标准农业的产生、形成和发展的过程中，通过农业标准的制定、农业生产质量环境的营造、农业标准技术的研制、农业质量标准的监测、农业标准生产的管理而形成的一种产业文化。标准思维方式指的是从农业标准化的角度去思考问题、认识问题、判断问题、审定问题。标准行为方式指的是在农业生产的过程中，自始至终、各个环节都围绕农业标准来进行。标准农业事业则是指通过农业标准的制定、农业生产质量环境的营造、农业标准技术的研制、农业质量标准的监测、农业标准生产的管理，生产标准农产品的过程。

4. 以标准文件为依据

标准文件包括如下 4 种：一是农产品质量标准。应包含农产品的营养、品尝、卫生和审美标准等内容。二是农业生产技术过程规程标准。应包含产地选择、备耕、规格、栽植、施肥、灌水、防治病虫害、收获等标准内容。三是农业投入品质量标准。应包括农业投入品的品种、规格、主要要素含量、有害物质残留量、用途和使用方法等标准内容。四是农业生产环境质量标准。应包含土壤肥力水平、水质、有毒物质限量、农田基本建设水平、空气、周围环境等标准内容。

5. 以标准环境为条件

环境标准应包括如下 3 个方面的内容：一是生态环境。产地周围的环境应达到良性循环的要求，不但植被状态好、水土保持好，而且植被之间、植被与水土之间、周围植被与产地之间形成互促互补的生物链。二是安全环境。产地及其周围环境的有害物质，特别是土壤、水和空气中的有害物质含量应低于限量水平，不影响人体健康，符合生活质量水平日益提高的人们对安全质量的要求。三是地力环境。产地土壤肥力水平达到高产稳产地力水平，产地土壤的有机质、氮、磷、钾及其他微量元素含量丰富，比例协调，能满足高产优质作物生长发育的基本要求。

6. 以标准技术为手段

标准技术包含3个方面：一是农业生产环境质量控制技术。这一技术应以农业生产环境质量标准为依据，围绕标准农产品对农业生产环境的生态、安全、地力要求，通过植被营造、水土保持等生态措施，通过开挖环山沟、排除有害物质等安全措施，和广辟肥源、用地养地等养地措施，使农业生产环境质量达到生产标准农产品的要求。二是农业投入品质量控制技术。农业投入品包括肥料、农药、激素、农膜等。这一技术也应以农业投入品质量标准为依据，环绕标准农产品对农业投入品的要求，通过对农业投入品生产原料的选择、把关，通过对农业投入品生产技术的运作和方法的操作，使农业投入品质量达到生产标准农产品的要求。三是农业生产过程质量控制技术。这一技术同样应以农业生产过程规程质量标准为依据，围绕标准农产品对农业生产过程规程的要求，通过园地选择、规划、备耕、种植规格、栽植、施肥、灌水、防治病虫害、盖膜、收获等技术的标准使用，使农业生产过程质量达到生产标准农产品的要求。

7. 以标准监测为约束

标准监测包含3个方面的内容：一是农业生产环境质量监测，即监测农业生产环境之生态因素、安全因素和地力因素是否达到标准文件所要求、规定的质量水平。二是农业投入品质量监测，即监测肥料、农药、激素和农膜等农业投入品之主要理化指标是否达到标准文件的要求、规定的质量水平。三是农产品质量监测。即监测农产品之营养、品尝、卫生和审美要素是否达到标准文件所要求、所规定的标准水平。

8. 以标准管理为保障

标准管理包含如下 6 个方面内容：一是产地认定和产品认证体系。即国家必须建立权威的安全优质农产品的产地认定和产品认证机构。二是市场准入机制体系。即根据农产品分布和密集情况，设置相应的农产品安全质量监督机构，对农产品进行安全检查，符合安全质量要求的发给市场准入证，允许进入市场，进入消费，否则予以拒绝，以维护消费者权益。三是品牌安全优质农产品评审体系。即建立国家授权、认可的品牌安全优质农产品评审机构，建立系统、规范、有序、理性的品牌安全优质农产品评审机制，定期对农产品进行评审，对荣获品牌安全优质农产品称号的，授予荣誉证书，以促进安全优质农产品向品牌的方向发展，提高品牌安全优质农产品的知名度和市场竞争力。四是对假冒伪劣农产品打击、制裁体系。即加强执法队伍的建设，以标准文件为依据，以安全优质农产品认证证书及其使用标志为凭证，以农业标准有关法律、法规为手段，开展对假、冒、伪、劣农产品的打击、制裁，以维护安全优质农产品的正常生产和市场营销。五是法律、法规体系。即以宪法为指导，根据我国的实际，制定一部关于农业标准化或标准农业的法律或法规，使农业标准化工作、标准农业生产纳人法律的轨道，并能够在法律的约束下有序、理性、规范、健康地向前发展。六是组织机构体系。即从中央到地方，建立、健全农业标准化工作机构，设置专门岗位，配备专门人员，装备专门设备，编制农业标准化工作专门路线图，使用农业标准化专门资料，执行农业标准化工作专门操作程序，以标准的组织机构，通过标准的工作，确保农业标准化工作有序、理性、规范、健康地向前发展。

五、精准农业

（一）精准农业的概念

精准农业是当今世界农业发展的新潮流，是由信息技术支持的根据空间变异，定位、定时、定量地实施一整套现代化农事操作技术与管理的系统。其基本涵义是根据作物生长的土壤性状，调节对作物的投入，即一方面查清田块内部的土壤性状与生产力空间变异，另一方面确定农作物的生产目标，进行定位的“系统诊断、优化配方、技术组装、科学管理”，调动土壤生产力，以最少的或最节省的投入达到同等收入或更高的收入，并改善环境，高效地利用各类农业资源，取得经济效益和环境效益。

（二）精准农业的特点

精准农业是在现代信息技术、生物技术、工程技术等一系列高新技术最新成就的基础上，发展起来的一种重要的现代农业生产形式，其核心技术是地理信息系统、全球定位系统、遥感技术和计算机自动控制技术。

1. 现代信息技术

精准农业从20世纪90年代开始在发达国家兴起，目前已成为一种普遍趋势，英国、美国、法国、德国等国家纷纷采用先进的生物、化工乃至航天技术使精准农业更加“精准”，美国把曾在海湾战争中运用过的卫星定位系统应用于农业，这种技术被称为“精准种植”，即通过装有卫生定位系统的装置，在农户地里采集土壤样品，取得的资料通过计算机处理，得到不同地块的养分含量，精准度可达1～3平方米。技术人员据此制定配方，并输入施肥播种机械的电脑中。这种机械同样装有定位系统，操作人员进行施肥和播种可以完全做到定位、定量。还可将卫星定位系统安装在联合收割机上，并配置相连的电子传感器和计算机，收割机工作时可自动记录每平方米农作物产量、土壤湿度和养分等的精确数据。

2. 现代生物技术

现代生物技术最显著的特点是打破了远缘物种不能杂交的禁区，即用新的生物技术方法开辟一个世界性的新基因库源泉，用新方法把需要的基因组合起来，培育出抗病性更强、产量更高、品质更好、营养更丰富，且生产成本更低的新作物、新品种；另外，还具有节约能源、连续生产、简化生产步骤、缩短生产周期、降低生产成本、减少环境污染等功效。例如，美国把血红蛋白转移到玉米中，不仅保持了玉米的高产性能，而且提高了它的蛋白含量。抗转基因水稻、玉米、土豆、棉花和南瓜等已在美国、阿根廷、加拿大数百万公顷土地上试种。

微生物农业是以微生物为主体的农业。微生物在合成蛋白质、氨基酸、维生素、各种酶方面的能力比动物、植物高上百倍；微生物还可利用有机废弃物，变废为宝、保护生态环境。利用有益微生物，不仅可获得大量生物量，用于制作食用蛋白质以及脂肪、糖类等专门食品，而且在生物防治、土壤改良方面也有突出表现。

3. 现代工程装备技术

现代工程装备技术是精准农业技术体系的重要组成部分，是精准农业的“硬件”，其核心技术是“机电一体化技术”。在现代精准农业中，现代工程装备技术可以应用于农作物播种、施肥、灌溉和收获等各个环节。

精准播种就是将精准种子工程与精准播种技术有机结合，要求精准播种机播种均匀、精量播种、播深一致。精准播种技术既可节约大量优质种子，又可使作物在田间获得最佳分布，为作物的生长和发育创造最佳环境，从而大大提高作物对营养和太阳能的利用率。

精准施肥是能根据不同地区、不同土壤类型以及土壤中各种养分的盈亏情况，作物类别和产量水平，将氮、磷、钾和多种可促进作物生长的微量元素与有机肥加以科学配方，从而做到有目的地施肥，既可减少因过量施肥造成的环境污染和农产品质量下降，又可降低成本。要求有科学合理的施肥方式和具有自动控制的精准施肥机械。

精准灌溉是指在自动监测控制条件下的精准灌溉工程技术，如喷灌、滴灌、微灌和渗灌等，根据不同作物不同生育期间土壤墒情和作物需水量，实施实时精量灌溉，可大大节约水资源，提高水资源有效利用率。

精准收获则是利用精准收获机械做到颗粒归仓，同时，还可以根据事先设定的标准准确地将产品分级。

六、信息化农业

（一）信息化农业的概念

信息化农业就是集知识、信息、智能、技术、加工和销售等生产经营要素为一体的开放式、高效化的农业。其核心是农业信息化。从计算机用于农业的时候算起，现在已经发展到了包括信息存储和处理、通讯、网络、自动控制及人工智能、多媒体、遥感、地理信息系统、全球定位系统等阶段，出现了

"智能农业"、"精准农业"、"虚拟农业"等高新农业技术。

农业信息化是指信息及知识越来越成为农业生产活动的基本资源和发展动力，信息和技术咨询服务业越来越成为整个农业结构的基础产业，以及信息和智力活动对农业增长的贡献越来越大的过程。

伴随经济全球化和信息全球化的到来，信息化技术已渗透到各个行业、各个领域，有力地促进了全球经济与社会的发展。西方国家的农业已发展到信息化阶段，欧美国家农业信息已经全面实现了网络化、全程化和综合化，农业信息技术已进人产业化发展阶段。从国内来看，我国农业信息化起步于20世纪80年代，发展于90年代，1994年我国开始启动"金农工程"，其目的是加速和推进农村和农业信息化，建立"农业综合管理和服务系统"。在"十五"期间，我国"金农工程"和农业信息化重点项目包括"农村市场信息服务行动计划工程"、"农业智能化信息管理与服务工程"、"农业卫星定位系统（GPS）、农业遥感信息系统（RS）、地理信息系统（GIS）"农业3S应用工程。到目前为止，我国已形成以农业部为中心，连接31个省、自治区、直辖市农业厅的信息网络平台，全国90%以上的市、县农牧局都建立了信息服务机构，绝大多数还建立了局域网。

（二）信息化农业案例

欧盟农业信息化服务模式。

1. 欧盟的农业信息服务

欧盟官方农业信息服务机构主要有欧洲统计局、欧盟农业委员会、农场会计网委员会和农业理事会。

（1）欧盟农业信息收集机构。欧洲统计局和农场会计网委员会负责欧盟农业信息收集和标准化处理。他们在欧盟各成员国设联络处收集农业信息，其设计的调查问卷非常标准，便于成员国之间比较。联络处在收集农业数据时，经常与当地农业科研机构合作。联络处可能亲自拜访样本农户汇集信息，也可能把调研任务发包给当地会计事务所、大学、农业协会或其他机构。

（2）欧盟农业信息发布机构。农业理事会是欧盟主要的信息发布机构，其发布各类农业信息的程序为：分析农业数据→撰写报告草稿→欧委会农业委员会审议通过→欧委会许可发布农业信息（以电子、传统出版物或新闻发布会的形式）。

农业理事会主要信息服务项目有政策报告、新闻发布、农产品市场形势和预测、农产品市场价格公报、农业统计信息和研究报告。欧盟每年提供 4 份农产品市场价格季度报告和 1 份年终综合报告，这些报告均以英国、法国、德国、意大利等 6 国语言撰写。

2. 欧盟农业信息的主要使用者

欧盟政府和农产品生产经营者（农场主、农产品加工企业等）都是欧盟农业信息的主要使用者，但在这两者中又以政府使用为主，政府通过分析各类农业数据制定农业政策和法令，并对市场进行宏观调控。除政府外，欧盟农产品生产经营者也是农业信息的主要利用者之一，这些农场主和企业家主要通过订阅农业期刊、报纸和利用因特网获取信息。

3. 欧盟农业信息服务渠道

欧盟许多知名农业杂志都有自己的网站，如英国最受欢迎的杂志《农场主周报》的域名为 http：//www. fwi. co. uk。

欧盟农业信息服务网站提供的服务类型主要有：①农产品市场价格走势，如农业在线，网址是 http：//www. ag Central

Online. com，以提供市场价格走势为主。②气象预报服务，代表性网站，网址是 http：//www. defra. gov. uk。③科技信息，如家畜改进公司网站，网址是 http：//www. lic. co. nzAndex. html，它提供最新的新西兰奶牛基因工程、人工繁殖、牛群测定、饲养管理等方面的信息。④专家在线咨询，网址是 http：//di-rectag. com/di－rectag/expert，它提供农艺学家、牲畜养殖顾问和奶牛专家与农户在线交互式服务。⑤提供各类农产品生产经营和管理工具，如 http：//www. AgrNet. ie 为农业生产者提供各类农产品经营管理软件和各类表格；http ：//www. foi. CO. uk/live/markets/ml — cfront. html 为牛肉经营者提供牛肉收益率计算软件等。

第八章　农产品电子商务发展的成功案例

第一节　10 万亿诱惑，“互联网 +”传统农业的风来了

2015 年两会上，李克强总理在政府工作报告中提出制订“互联网 +”行动计划。“互联网 +”这个新颖的提法一出来，立即成为众多媒体和舆论关注的焦点。

“互联网 +”对传统产业不是颠覆，而是换代升级，面对传统农业发展的困局，互联网农业是大势所趋。如何定义“互联网农业”？按照刚才的解释，就是指农业的互联网化和涉农企业的互联网化。互联网农业有三大模式：一是互联网技术深刻运用的智能农业模式，二是互联网营销综合运用的电商模式，三是互联网与农业深度融合的产业链模式，而且这 3 种模式呈现梯次推进的状态。

一、互联网带来的智能化让农业也如此现代

2012 年 12 月中旬，一位记者来到位于北京密云县西康各庄村的海华云都生态农业股份有限公司奶牛养殖基地，探访这里的智能化养殖，发现仅仅四五名饲养员就能在半天时间内为数千头奶牛挤奶，这让他大为惊奇。为什么可以？每头奶牛一出

生都会戴上一只专属的电子“耳钉”，里面储存着奶牛的所有身份信息，包括出生时间、谱系、初次产奶时间等，只要进入挤奶大厅，就会与相关设备相连，读取奶牛“耳钉”里的信息，并通过挤奶杯上的感应装置传输到后台，每次挤奶的奶质是否合格得到监测。其实这还只是养殖业智能化的冰山一角，目前动物的智能化精确饲喂系统，以计算机为控制中心，以饲喂站作为控制终端，以称重传感器和射频读卡器采集动物信息，根据科学公式运算出饲料日供量，再由控制器控制机电执行部分精确下料，饲喂动物不再是过去的人工操作，而是在计算机上轻点鼠标。

在种植业，同样呈现智能化的系统性操作情形。例如在陕西的西咸新区泾河新城秦龙现代生态智能创意农业园里，喷药施肥靠无人飞机，地面遥控员通过雷达和 GPS 导航对其遥控、定位、喷药施肥和传输数据；采摘番茄由机器人代劳，通过多传感器数据融合技术，具有获取果实信息、判别成熟度、确定收获目标的三维空间信息标定能力，再引导机械手完成抓取、切割、回收任务。

互联网带来的农业智能化浪潮是以计算机为中心，对当前信息技术的综合集成，集感知、传输、控制、作业为一体，将农业的标准化、规范化大大向前推进了一步，不仅节省了人力成本，也提高了品质控制能力，增强了自然风险抗击能力，正在得到日益广泛的推广。

二、互联网带来的电商热潮让三只松鼠脱颖而出

成立仅 1 年，营业额就达到 3 亿，仅 2013 年“双十一”当天就销售 3 562万元，如果不是在互联网时代，不可能诞生这样的奇迹！创造这个奇迹的就是一个叫作“三只松鼠”的电子商

务公司，其标签是一个互联网森林食品品牌，代表着天然、新鲜以及非过度加工，主要销售坚果，上线仅65天销售就在淘宝天猫坚果行业跃居第一名。奇迹是如何诞生的？

从表面上看有三条十分关键：首先，三只松鼠的产品并不特殊，只是松子、山核桃、碧根果等干果，但是做得很时尚，紧盯80后、90后的时尚人群；其次，品牌形象十分有特点，是童真、可爱的动漫小松鼠，又以森林绿色和高端黑色作主打色，形成基础、直观的品牌记忆点；第三是产品细节十分周全，以时尚文化延伸与三只松鼠有关的东西，比如，产品的包装上撰写松鼠卖萌的小故事；加上倡导“慢食快活”的微杂志、绿色封口夹、剥壳器；将果壳垃圾袋命名为“鼠小袋”，擦手用的湿纸巾叫作“鼠小巾”……所有这些随同产品出现，明显有别于一般干果产品，自然能引起消费者的满足感和惊喜感，迅速形成品牌认同和口碑传播。若从策划运营角度看，则同样有3条关键因素：首要是细分市场理念的良好运用，运用大数据，精准定位目标客户，避免了泛化营销，没有特色；其次是以精良的客服实现与客户的密切互动，把简单的“B2C”模式演化为“B2C2B”，不断改进产品质量；再次是产业链的控制，既没有走从头到尾的全产业链经营，也没有单纯的外包生产，而是把原材料供应外包，审验达标后精选分级包装，从而实现了轻装上阵与产品质量控制的良好结合。

三只松鼠带来的启示是：互联网时代的产品销售，不要妄想包打天下，而是要深入研究行业规律，以特色迅速起步，特别是要重视时尚文化的运用，那些年轻的买家们，可能表面买的是东西，实际买的是文化，是那种感觉。谁给了年轻人想要的那一种滋味，谁就会赢得市场。

三、联想佳沃开创的跨界时代

2013 年 11 月 12 日，继佳沃蓝莓于当年 5 月上市后，联想控股旗下的农业板块佳沃集团宣布推出第二个旗舰水果产品佳沃金艳果猕猴桃，但非常特别的是，联想此次推出的猕猴桃与昔日“烟草大王”褚时健种植的“励志橙”一起，组合成“褚橙柳桃”首发，随即引发市场热议，并连带引发潘石屹代言家乡苹果、任志强代言家乡小米……一时间，褚橙、柳桃、潘苹果等成为农产品品牌营销的佳话。而产品的上市，也标志着联想农业初步结果。

联想进入农业有标杆性意义：它标志着互联网农业迈入产业深度融合的新层次，也标志着资本进入了资本跨界运营的新阶段。联想对农业的改造是全方位的，不仅用互联网技术去改造生产环节提高生产水平，而且运用互联网技术管控整个生产经营过程确保产品品质，还运用互联网技术对产品营销进行了创新设计，最终将传统隔离的农业一、二、三产业环节打通，形成了完备的产业链。同时，依托联想的全球化视野，可以在全球范围内进行产业的布局。也即联想提出的“三全”解决之道，即全程可追溯、全产业链运营、全球化布局。

联想农业的可贵之处在于：对农业的深度研究和平和的预期。首先，联想没有选常规的粮油蔬菜等产业，也没有像网易那样去搞养殖业，而是选择了产品较为高端、利润提升空间相对较大的蓝莓和猕猴桃，这让运行有了可靠的产业基础，形成了盈利的预期。其次，充分进行了资本运作，没有从头开始，而是采取了收购的办法迅速形成规模化生产基地，缩短了投资期限。第三，联想意识到农业是一个长周期的产业，于是柳传志特别提醒负责农业板块的陈绍鹏：“我们不急着挣钱。10 个亿，20个亿咱们投得起，咱们一步一步稳着做。”当然，联想充裕的资本实力也让他们有了这样说话的底气。

虽然网易猪至今没有出栏，但“柳桃”已经成功上市，还有更多的互联网企业摩拳擦掌准备进入农业领域，未来的互联网农业还将风生水起。是借着农业的概念吹起又一波的概念泡沫，还是通过深刻改造和深度融合让农业从此与以往大不相同，尚需在实践中仔细观察。

第二节　互联网金融

一、云联牧场

“云联牧场”是一个新推出的主打全透明化、专注于互联网农牧业投资的移动互联网金融平台，产品的使命就是解决互联网金融投资的黑箱模式，让普通用户也能作为投资者参与更多的项目经营过程。

1. “透明投资”是小云主打的投资模式，致力于将用户投资过程通过互联网全程透明化，选择了一个合适的行业中合适的产品，将社会资金整合用于更有保障的传统畜牧业养殖投资。

2. “设计感”，面向用户提供3个功能：牧场、钱包、牧场主。用户足不出户就可以做一把真正的牧场主：随时汇报饲养进度、实时的环境信息、真实的远程监控。

3. “养殖风险”，选择了肉羊养殖环节中最成熟的育肥阶段；并与内蒙古羊产业行业协会合作，共同制定了《育肥羊饲养管理标准》、《羊舍及配套设备设施标准》等养殖规范；并选择了国内育肥羊最成熟、规模最大的内蒙古巴彦淖尔地区，由内蒙古羊产业行业协会指定的牧场进行合作试点。

4. “低门槛高收益”，允许任何普通用户投资畜牧业项目。1 000元参与育肥羊投资，享受项目回报。3 ~4 个月即可回收全部本息，单轮收益率 5%，从而投资年化收益率预计在15% ~20%。

二、深圳农金圈金融服务有限公司

深圳农金圈金融服务有限公司是在深圳前海深港现代服务业合作区注册设立，专注运用互联网金融工具服务国家农业、农村和农民的高新科技创新型企业。农金圈旗下的农发贷平台是国内领先的农业垂直 P2P 平台。农发贷平台通过在全国整合辐射的优质农资经销商网络资源，从全国小麦、土豆、香蕉、苹果、茶叶、水稻等主要产区中精选大中型优质种植农户，把农发贷平台从网上募集的资金，以 P2P 形式直接借款给上述大农户，以满足农户在作物种植过程中的农资采购需求。

专注于农药制剂生产销售的诺普信（002215）3 月 20 日发布公告称，公司与深圳农金圈金融服务有限公司签订《深圳农金圈金融服务有限公司增资协议》，为帮助支持全国优秀种植大户拓宽融资渠道，通过创新和运用先进的互联网金融工具，联系城市与农村，面向“三农”提供创新高效的资金融通、支付和信息等服务，公司以自有资金人民币 1750 万元增资农金圈，此次增资完成后，公司占农金圈的股权比例为 35%。

三、麻布袋

麻布袋（上海）投资管理有限公司（简称“麻布袋）的业务是农业 P2P、农业众筹、农业电商的农业全产业链。通过和国资融资担保合作，帮助解决农业经营性贷款，环内农民贷款和中长期农业健康发展的问题。农业众筹通过一个个众筹故事，让优质的农产品为您专享预留，更使一群群城里人的三分田梦想成真。采耘农产品电商，让城市人吃到原产地安全健康并且原汁原味的优质农产品。

公司委托第一金融支付平台“汇付天下”和新浪“微钱包”对投资人和项目提供线上支付、提现等服务及对资金流转过程进行全面监管。同时，公司还与国内优秀的担保公司签订合作协议，由其为投资人提供全额的连带责任本息担保。另外，公司会依据项目特性及融资人的资产优势，引入再担保、反担保措施，为每一个融资人设计高效地、可操作性的担保方案，以实现理财客户和资金需求方价值最大化。

四、乐钱网

主要做300万~3 000万元的面对中小微企业的贷款。目前，选定了三个领域去做，已经开始做的是农业。为什么做农业？认为农业领域是中国唯一没有进行闭环的供应链，其他的行业都有闭环，或者很大程度上闭环了。只要闭环的行业这样的机构进去实际上不具备竞争力。

大家可能普遍认为农业的利润很低，这是完全错误的。在中国如果以黑龙江为例去掉人力成本，单纯的农民不计算人力成本，种15亩地的利润率是180%。

现在这个项目叫东北粮仓，从种子、种植到粮食的收储加工，下一步是化肥、农药，现在我们正在做土地的资产农业化。另外两条产业链我们会做什么呢？物流、化工。化工的资金需求量很大，而物流，我们认为是未来10年中国的另外一个黄金行业，因为它天生有数据，可测算，数据可提供，这是供应链最基础的东西。我们做农业的供应链金融里遇到的最大问题就是没有数据。

五、大北农

大北农（002385）旗下的农信网便以公司旗下另一网站猪管网的数据为基础，向上下游伙伴提供小贷、P2P 等金融服务；公司还于 3 月 6 日拿出了一份募资额高达 22 亿元的定增方案，拟投向农业互联网与金融生态圈建设项目。

针对养殖户和经销商重点推出猪管网、智农网、农信网及智农通等“三网一通”新产品体系。公司还计划通过 3 年左右时间在客户比较集中的区域设立 160 家服务中心，积极拓展猪管网、进销财、企联网、种植网等智农云服务产品，承接智农商城等交易平台的 O2O 服务。

六、新希望

新希望（000876）依靠产业链的数据优势与线上融合来发展 P2P 等业务，将不同渠道、不同风险偏好的资金与不同风险的养殖户对接，降低养殖户的整体融资成本。

在天津注册了金融保理公司，还注册了基于互联网的一个金融类公司，希望通过互联网的方式推动养殖业和食品业的互联网式发展。在养殖方面，我们也通过互联网的方式，从一个重资产公司逐步转变成为一个轻资产公司。以前在饲料、养殖和加工的各个环节都是自己做的。今后，只抓主要的，饲料我们来做，养殖我们建示范厂，然后，建立一个技术服务专家队伍和金融服务担保队伍，动员一批农村和城市的中产阶级队伍来一起做。

七、康达尔

2013 年，公司以 1 亿资金注册成立前海投资，开始布局农业金融服务板块。2014 年 11 月，前海投资以 1 000万收购深圳本地 P2P 新锐“及时雨金融信息服务公司”51% 股权；12 月公司对前海投资增资 2 亿元，作为设立黑龙江省康达尔农业金融租赁有限公司的出资；2015 年 2 月公司改“及时雨”为“丰收贷”，集小额贷款、村镇银行和互联网金融等多业态特征于一体，主要向都市农业经营者、家庭农场等目标客户提供金融信息服务，最终打造“中国农业互联网金融第一品牌”。截至目前，平台累计交易额 1.5 亿元。我们认为，公司推动农业板块向互联网金融服务拓展转型契合时代需求，未来该板块的盈利及估值均会显着提升。特别是，当前中央政府支持农村金融创新发展的力度空前，广大农村地区正在推进的农地制度改革、土地流转、机械化 & 信息化等先进技术推广应用都给相关金融服务带来巨大市场。按照公司思路，具有丰富农地资源和巨大农业生产性融资需求的黑龙江将成为公司开启农业金融新业务的第一站。

第三节　深圳中农网

一、中农网概况

深圳市中农网电子商务有限公司（以下简称中农网）成立于2000 年9 月，由创建于1993 年并一直致力于农业信息化建设的深圳市农产品信息中心增资扩股而成，由国家农业部信息中心、深圳市农产品股份有限公司、深圳市深宝实业有限公司、泰克艾奇智能系统（深圳）有限公司投资共建。公司注册资金3 000万元人民币，现有员工 80 多人。

二、中农网支撑主营业务的基础设施

中农网主营业务包括信息化系统集成建设与电子商务两大部分，这些业务是建立在 AP88 电子商务平台基础上展开的。中农网推出独特的电子商务服务项目的同时，也建立起一套属于自身的信誉和技术，加强企业的核心竞争力。

（一）中农网 AP88 电子商务平台框架

AP88 平台针对农业企业以及行业电子商务的特点，提供了丰富的、功能强大的 B2B 电子商务平台，包括信息门户、交易平台和信息交换门户。AP88 是中农网与省市县农业网、农业企业网和批发市场网联通的桥梁，也是为客户提供网络服务和商务服务的基础。各类农产品流通信息跨越时间和空间的限制，通过网络迅速传达到每个客户，从而对客户的生产、加工、商务往来提供指导和便利。

（二）面向批发市场的信息化系统的集成

批发市场作为农产品流通的主要环节，承担了价格、信息、集散和辐射的功能。区域性农产品市场的形成与发展，对当地农产品流通至关重要。

中农网公司融合了批发市场管理理念，采用先进的技术作为实现手段，为国内批发市场提供全面、务实的信息化系统解决方案，开发农产品市场管理信息系统类型。

（三）省市县农村经济信息网，涉农网站，批发市场网站建设

中农网为省市县建设省市县农村经济信息网，实现区域性农业信息的发布与外部信息的交流；并为涉农企业以农业的计划、采购、生产、加工、销售和服务过程为核心，根据业务体

系建立信息发布平台，实现网上商务洽谈与定单发送；同时，中农网针对实际批发市场的实际情况，为批发市场建设信息网站，全面为客户推动信息化建设，实现中农网与全国各地省市县，涉农企业，批发市场信息互联互通。

（四）支付与交易安全

在电子商务支付环节上，中农网提供与农业银行、工商银行等商业银行的稳定接口，交易会员可以在网上直接向客户支付货款。

在网站的安全方面，中农网采取一系列严格的措施，所有进入中农网交易平台的企业都按照严格规范的流程与中农网签订协议，对中农网和企业的双向约束提供法律保障。参与交易者均为注册交易会员，需缴纳一定数额的保证金，并辅以严格的信用管理和质量检验服务。对所有的交易数据采用先进的加密技术，保证数据在传输过程中的安全可靠，也保障了交易者的利益。

此外，中农网还采用防火墙技术和防黑客技术，对平台进行24小时不间断监控，保障了平台的安全稳定运行。

三、中农网的运营

（一）基本运营模式

中农网电子商务包括了B2B交易、招标、拍卖多种交易方式，提供了从合同形成、定单传送、CA认证、银行支付、储运等系列的商务服务，形成了符合行业实际的模式。

（二）交易的增长

2000年，中农网利用其信息和技术方面的优势，为农产品贸易主体提供农业信息化解决方案，并对行业网站通过网络后台进行流通信息的密切互联，实现网上推广，资源共享。

2001 年开展农副产品网上招标拍卖服务，沟通农产品供需双方的信息，促进交易。这一年，实现网上交易量 5 000万元，2002 年上半年则实现网上交易量 3 个亿。

(三) 会员

目前，中农网拥有各类注册会员企业近 10 000家，涉及国内农产品生产、加工、经销、消费以及农业科研、行政等单位，涵盖果蔬、粮油、食品、饮料、水产、肉禽蛋、畜牧等各行业。在数百家大型生产商、经销商为主的活跃会员中，贸易商占 40% ~50%，生产商占近 40%，政府、个体经营及其他事业单位机构 10% 以上。

(四) 财务状况

中农网在发展的最初两年中财政数据显示，支出大于收入。为此，中农网改善系统，创新业务，在 2003 年底实现了收支平衡。在此之后，营业收入的增长率和利润增长率保持 10% ~ 20% 稳步增长。

(五) 支付与交易安全

在电子商务支付环节上，中农网提供与农业银行、工商银行等商业银行的稳定接口，交易会员可以在网上直接向客户支付货款。

在网站的安全方面，中农网采取一系列严格的措施，所有进入中农网交易平台的企业都按照严格规范的流程与中农网签订协议，对中农网和企业的双向约束提供法律保障。参与交易者均为注册交易会员，需缴纳一定数额的保证金，并辅以严格的信用管理和质量检验服务。对所有的交易数据采用先进的加密技术，保证数据在传输过程中的安全可靠，也保障了交易者的利益。

四、开发特色服务产品

（一）农业资讯信息服务

开发中农网——深圳价格之窗。中农网依托与深圳市农产品股份有限公司、布吉农产品中心批发市场、布吉海鲜批发市场、罗湖水产（综合）批发市场和福田农产品批发市场，利用因特网技术为企事业单位，农产品供应商等客户提供包括蔬菜、海鲜、水果、粮油、干杂货、副食品调料、糖烟酒、餐料等10大类共3 000多个品种价格信息。

为满足用户的需求，新增加了大宗蔬菜价格、高档酒店配送价，并采用电子邮件、定时传真等多种形式向广大客户提供服务，全部信息每天同步更新，历史资料随时可查，为广大农副产品采购工作者了解市场行情、控制采购成本，提高采购人员的工作效率。

同时，通过政府信息网，农业企业网和批发市场信息网，收集动态的、及时的农产品市场信息，并通过分析，预测，集成有特色的信息产品，为农产品交易主体提供参考和服务，更好地促进交易。

（二）网上招标拍卖服务

中农网建有完整的网上在线交易平台，为企业提供电子交易渠道，实现网上网下相结合。其中包括网上投标竞标和网下资质的审核，保证了最优的供应商为需求商提供符合要求的产品，从而也建立了买方对中农网的信任。中农网对招标、拍卖流程进行了严格的控制，从而保证招标拍卖中的公正公平，维护参与方的合法利益。

（三）阳光采购服务

中农网的“阳光采购服务计划”立足于农副产品流通配送，面向广大机关团体、企事业单位、酒店餐饮等直接消费单位提供中介服务。在整个服务流程中，中农网会为买方成立一个评标委员会，其中的主要成员是买方成员。评标委员会主要根据价格和非价格（质量、服务、企业规模等）因素对竞标者进行评分。

通过“阳光采购服务计划”的实施，降低了采购单位的食品采购成本，保障食品采购质量，杜绝食品采购暗箱操作，简化采购流程、提高采购效率。

（四）产销见面会

中农网把传统业务和网上服务相结合，通过网上宣传展示、网下样品展示、洽谈，为名优农产品在深圳打开销路，促进品牌的推广效果。

展销活动将提供多种服务方式为客户服务，如产销见面会，携带产品样品与采购商；民润名优特产品展销周。同时，推出的还有因特网展销服务，中农网名优农产品展销频道对全国名优农产品进行网络宣传，并对整个展销活动进行及时报道。

此外，中农网公司还将应参展方要求，为内地农业企业、政府农业部门提供更多更周到的服务，包括新产品上市新闻发布会、内地农业企业招商洽谈、优质农产品深圳经贸活动等。

（五）绿色联通

“绿色联通”项目以中农网的“绿色联通”信息及商务平台为中心，连接各大批发市场及农产品主产区，将网上的信息服务与网下的商务撮合、物流服务充分结合。

项目的主要服务对象是农业生产企业、农民经纪人、运销大户、贸易商、批发商、代理商、农产品消费单位、市场管理者等用户。项目根据用户的不同需求，研发贴身服务的信息产品，并通过网络、手机短信等新生媒介进行传递，最终取代原有的、传统的信息传递模式，加快信息流通速度，使信息更为准确、及时、丰富、直观，从而达到促进产销两地农产品流通，缩短农产品流通链条的目的。

“绿色联通”项目还将让总公司实时掌握市场经营状况，并通过对数据的科学分析，为总公司及各批发市场制订战略决策提供重要参考，巩固在批发市场领域的优势地位。目前，该网络平台还在搭建中，已在深圳、上海、南昌、长沙、寿光、永州和北京等地设立网点。

五、总结与启发

中农网的发展，尤其是专注于通过建立中国农产品交易产品和交易流程标准，不断开发具有特色的服务产品，大力推动中国农产品网上交易市场的发展具有示范作用。这种示范作用可以总结如下。

第一，企业创新意识强，善于整合资源优势，形成自己的核心竞争力。

第二，有明确的经营目标，专一于有效率的价值服务。

第三，电子商务发展需要不断完善的社会信息网络体系。

第四，趋利避劣发掘自身优势，洞察未来市场空间。

第五，突破传统电子商务的概念束缚。

作为农业电子商务的开拓者，中农网为中国农业电子商务的发展探索出一条有效的道路，它的成功经验，对我国具有广阔前景的农业电子商务的发展具有重要的借鉴和指导意义。

第四节　中国蔬菜市场网

一、中国蔬菜市场网概况

全球信息化的洪流冲击和变革着经济和社会的各个领域，中国蔬菜业也不例外。经过20多年的改革开放、蔬菜业已成为我国仅次于粮食的第二大种植业，成为农业增效、农民增收的重要途径，中国也已成为世界上最大蔬菜生产国和出口国。

二、中国蔬菜市场网主要功能

（一）信息功能

能够汇集第一手来自生产、加工、出口等各环节的信息。网上市场把价格加工成了K线图，从而可以发现蔬菜的变革周期。还有全国的100多家主要蔬菜批发市场的当日行情以及网上市场产生的未来10个月的价格，形成了过去价格、现在价格、未来价格完整体系。网上市场成为了一种寻找价格变动规律的场所，极大地便利企业经销商和农民回避风险，掌握盈利的机遇。

（二）节约成本的功能

通过网络交易，减少了流通环节、降低了流通成本、加快了流通速度。

（三）实现定单农业的功能

由于本市场具有发现未来10个月价格的功能，农民和农民经济人先在网上卖蔬菜然后再种植，定金和每日无负债结算制度建立了诚信履约机制，保证了定单农业的实现。

（四）发现价格的功能

为农民经纪人、生产者提供了发现价格、回避风险的工具，使他们在市场风云诡变的形势中化解价格风险、获取稳定的经济效益。

三、中国蔬菜市场网的主要交易品种及其特色

（一）市场分析

中国是世界上最大的蔬菜生产国，有着得天独厚的自然优势和市场竞争力。目前，蔬菜是我国仅次于粮食的第二大种植业。随着加入 WTO 后零关税的实施，蔬菜产业将成为我国最大的受惠产业之一。

大蒜、红干椒、洋葱等品种，具有耐贮运、标准等级容易区分、价格变化大等特点；产区比较集中，面向全国乃至全球消费，且均为一年生长，全年消费的产品，客观上需要跨地区、跨时间的流通。价格上的剧烈变动，给生产者、储存商、加工者、销售者带来了很大的风险，因此，也迫切需要一种化解价格风险的机制。

计算机技术和互联网的普及，国家标准《大宗商品电子交易规范》的颁布实施，为发展蔬菜电子商务提供了技术的、法律的保障，也为中国蔬菜市场网的发展提供了一次历史性的机遇。

（二）大蒜

1. 大蒜的生产、储存、流通、加工、消费情况

我国是世界上最大的大蒜生产和消费国，大蒜种植面积约为500 万～600 万亩，占全球大蒜播种面积1 400万亩的1/3，占

亚洲的1/2。其中，山东种植300万亩，是大蒜的主要产区。近年来，大蒜成为我国首位出口换汇蔬菜，年平均出口量达33万吨，2005年创历史最高水平，出口达109万吨。我国大蒜的种植主要集中在山东省金乡、鱼台、苍山、茌平、莱芜，江苏省邳州、射阳，河南省杞县、中牟，安徽省亳州、四川省彭州、温江，云南省大理等地。

2. 影响大蒜价格的因素

（1）气候状况。

（2）种植面积。

（3）进出口状况及主要进出口国家的贸易政策。

（4）国际市场价格。

3. 大蒜的交易标准

《中华人民共和国商业行业标准——大蒜SB/T10348—2002》已经颁布实施。中国蔬菜市场网在此基础上，结合现货储存、流通、交易中的实际情况，对该标准中大蒜一等品中的有关规则进行细化，制定了本市场大蒜的交易标准，已报有关部门备案。

（三）洋葱

我国目前洋葱的种植面积在500万亩左右，总产量有800万～1 000万吨，是世界上产量最大的国家，并且每年的种植面积在不断扩大。洋葱在我国分布很广。

（四）红干椒

红干椒种植在我国分布很广，北到内蒙古自治区、辽宁、吉林，南到贵州、四川，中东部的河北、河南、山东等地都有大量种植，并且在部分地区已经形成一种产业。红干椒在满足国内需求的同时，在出口创汇方面发挥着很大的作用。主要出口日本、韩国、东南亚、俄罗斯、美国等国家。

四、中国蔬菜市场网的发展目标和主要措施

一个完善成熟的网上市场，必须具有对全行业的覆盖性，价格的指导性和前瞻性。寿光蔬菜网上市场的目标是在2006年实现交易额20亿元，2008年达到交易额100亿元，2010年的交易额力争超过300亿元。

为实现上述目标，中国蔬菜市场网提出以下措施。

（1）与中国食品土畜进出口商会合作，利用中国寿光蔬菜博览会宣传中国蔬菜市场网。

（2）加强国内信息的收集和整理。积极发展蔬菜信息网点，在现有的20余个信息网点的基础上，力争在两年内扩大1倍。

（3）改进网站功能。采用最先进的网络技术，充实网站内容，结合寿光蔬菜实体市场，形成网上、网下密切结合的蔬菜交易新格局。

（4）组织网上市场跨国沟通与洽谈。吸引世界各地客商积极参与，把网上蔬菜市场办成一头连着农民的土地，一头连着国外市场的信息流通高速公路。

第五节　网上卖猪勾起儿时回忆

网上销售农产品很有讲究，打感情牌是其中重要的一招。前几年猪贱伤农，许多农村都不养猪了，可是就有人通过网上卖猪闯出了一条新路子，并且从中赚到了大钱。

一、合伙买猪肉为的是一种气氛

在广东珠海，“十亿人”社区蔬果网就非常注重打情感牌，2012 年年末新增的网购猪肉就是其中的一例，在给消费者更好物质享受的同时，也较好地满足了部分消费者的情感需求。

他们的猪肉配送工具是一款可以保温的环保箱，所有产品包装上都有二维码，通过扫描二维码就可以查明该商品的真伪，查到它从“出生”以来的所有信息。而即使这样，他们的销售价格也不高。

他们销售的这种粗粮土猪肉，给预充值会员的销售价是每斤 17 元，与实体店销售的市场价差不多。但网购猪肉能得到去实体店买猪肉完全不同的生活体验，并且他们承诺，他们的粗粮土猪饲料以粗粮为主、青料为辅，是用传统饲养方式养殖的，每头猪都足月喂养。所以，这样的猪肉口感好、品质佳，有营养、更安全，吃起来有过去小时候吃过的那种猪肉的味道！

例如某企业就有 14 名员工合伙团购了一头整猪，为的就是想重新尝尝小时候吃过的那种猪肉味道，重温一下小时候过年“生产队里分猪肉”的那种温馨的生活体验。

网上销售农产品做到这份儿上，卖的就不仅仅是农产品了，同样也是在销售儿时的回忆了。这样的创意和魅力可谓别具一格。

正因如此，珠海“十亿人”社区蔬果网从 2011 年年末正式开通后就得到了迅速发展。他们销售的农产品主要来自世界各知名产品的原产地及国家地理标志保护产品的原产地，如黑龙江五常县的大米、山东烟台的红富士苹果等。

目前他们与全球 130 多个农副产品基地建立了合作关系，与农户签订了产销对接协议，规定农户必须按照他们制定的标准进行生产，并且派专人在现场进行全程监管，所以在最终质量上相对有保证；与此同时，他们给出的收购价也非常有吸引力——高出市场价20%以上。并且，他们还设立了一项“安心基金”，当农户在遭遇自然灾害时，便可以从中得到一定的补偿。

二、感情牌推而广之屡试不爽

现代人生活压力不断增大，生活节奏也快了，因此越来越渴望情感的慰藉。所以，感情牌在网上销售农产品中如果能得到恰当的推广，当能取得不错的效果。卖猪肉是这样，卖其他亦是如此。

在重庆，巫山县振兴农牧科技公司经理张劲松，同时兼任了该公司网站负责人。自从该公司开通网上销售巫山黑山羊以来，通过网站咨询的人越来越多，平均每天的访问量达到300人次，销售量节节上升，并且价格也非常理想。

具体地说，一方面他们大力加强生产质量管理，不但获得了无公害农产品产地认定证书、无公害农产品证书，拥有自营外贸出口权，并且还把商标注册到了香港、俄罗斯等国家和地区，让消费者感到彻底放心；另一方面，他们通过网站全面介绍黑山羊的养殖技术、动态等详情，拉近了与消费者的情感距离。

就这样，过去市场上一只普通的巫山黑山羊只能卖到800元，可是通过网上销售直接卖给最终消费者，一只种羊却能卖到1 600 ~2 000元，并且产品远销贵州遵义、湖北恩施和建始等地，羊肉产品的主要销售地区则在重庆主城、广州、湖北等地。奉节县大树镇、贵州桐梓县九坝镇的一些客户在通过网上咨询后，一周左右就会到公司来提货，有的一买就是50只种羊，而在过去传统渠道销售下简直是不敢想象的。

第六节　白领变身梅林核桃王

网上销售农产品虽然销的是农副产品，但绝不表明这项工作只能由农民和“农二代”来做。作为一项新兴产业，凡是具备相应条件的，都可以把它当作一项事业来做，并且取得成功。

杨世明既是“农二代”，又是“高级白领”，他摇身一变成为“梅林核桃王”的经历就能说明这一点。

2001 年，杨世明从山东工商学院毕业后，来到深圳一家著名的月饼生产企业做管理培训，两年后跳槽到一家快速消费品公司当总经理助理，月收入七八千元。虽说是助理，但因为总经理和其他老板一年中也不会来公司两次，所以他实际上干的是总经理的活，主要负责某品牌纸巾在深圳各大商场、超市的供应。

结婚后他发现开销变大了，这点收入一家三口不够用，而在职场上他的这个职位和工资说高不高、说低也不低了，以后的发展空间并不大。于是，他于 2007 年决定辞职，自己创业。

辞职后因为过去没什么积蓄，所以，只好先从小买卖开始做起。本来他想加盟一家鸭脖子店的，突然听说有个朋友在南京兼职销售河北石门的核桃，一个月能赚好几千块，并且人很轻松，于是他连忙拉了一位朋友去深圳的两大农贸批发市场了解行情。一打听还真是这么回事，深圳的核桃批发价只有每斤 18 元，再去家乐福超市看，即使特价还要每斤 34.8 元，正好相差一倍。

杨世明想，核桃这东西便于保管、运输，同样也是快速消费品，所以觉得做这个应该很不错。

进一步调查发现，当时在深圳市场上卖的核桃主要来自云南和新疆。云南是他的家乡，云南核桃皮薄仁好很受消费者欢迎；而新疆核桃由于路途遥远，物流成本居高不下，当然缺乏竞争力了。

恰好这时候，他家里还有一袋二姐从家乡带来的核桃，于是他又从批发市场买了一点进行比较。最后在网上一查，这云南大理的核桃居然在历史上很有名。几个因素综合起来，杨世明更觉得这事值得做。

他马上给在家乡的二姐打电话，了解当时的核桃价格。仔细一算，采购价加运费、损耗之类运到深圳也至少比超市要便宜。并且这东西富含不饱和脂肪酸，一直以来深受消费者欢迎，销售应该没问题。接下来，至于做批发还是做零售、是自己开店还是进超市都是可以考虑的，但就是绝对不能放在大街上卖，否则卖不出价钱不说，销量也一定上不去。

杨世明过去就是专门与商场、超市打交道的，深知其中的内幕和甘苦。如果要进超市，什么进场费、条码费、店庆赞助费、公司周年赞助费、节日赞助费、物流仓储费、销售返利、促销费（包括海报费、端架费、堆头费）至少要占销售额的12%至25%；更重要的是压款严重，通常要60~90天。在此期间，一旦你断货或供应不上，还要受到超市的处罚。所以他想，对于没有多少本钱的自己来说，网上销售几乎是唯一选择。

拿定主意后，他马上打电话给二姐，收购了400多斤核桃，经过8天的长途跋涉于2008年1月中旬运到深圳。

这时候马上就要到春节了，他整天忙于在深圳的各大门户网站和跳蚤市场去发帖子。为了尽快打开市场，第一批核桃的价格他定为每斤18元，3斤起免费送货；货到时先尝后买。结果没想到，第一天就卖出去了二三十斤，后来，回头客就越来越多了。

勤进快销的好处在于资金积压少，缺点是多批次进货品质无法保证、价格波动也大。有鉴于此，随着销量逐渐上升，他决定干脆在老家找个加工场——在每年秋季核桃上市时大量买进，然后就放在那里干燥。老家有的是地方，不愁没有存储空间。

2008 年 9 月，第一次囤货时他心里还没底，所以，只以每吨 4 万多元的价格囤了 5 吨。可是不到 2009 年 2 月就卖光了，这让他有了信心，后来的囤货就翻了 10 倍，一直保持在 40 万元以上。

也正是在 2008 年，他第一次请父亲在老家为他收购了一批特殊的核桃，当地人称为“草果核”。长圆形，壳薄，肉香还略带点甜味。两个核桃放在手上一起捏，就能捏碎皮，很受消费者欢迎。2009 年春节他在淘宝网上开设了网店，“两下子”就把核桃卖到了全国各地。

那究竟是什么“两下子”呢？这第一下子，就是租借别人的饮料仓库作为核桃中转站。

由于冬季是饮料销售的淡季，仓库比较空，而且还很大，而这时候恰好是核桃销售旺季。不用说，这样做能够极大地降低仓储成本，同时又能保证货物发送速度，收货、发货都很方便。

这第二下子是降低物流成本。

一开始时，他买了一辆汽车专门用于送货，可是很快发现这样做成本太高。尤其是随着销售越做越大，这种成本增长速度更快。可与此同时，他也有“资本”与快递公司讨价还价了，最终达成了首重 3 公斤快递费 5 元、续重每公斤 1 元的优惠价格，仅此一项就能省下不少运费，让顾客得到更多实惠。

现在，他每月付给快递公司的费用有1万多元，足见他的核桃销售有多么火。

杨世明过去在快速消费品领域摸爬滚打，消费者心理学掌握得很好。消费者在一大袋核桃里只要发现有一颗是小的，心里就会不开心，他会觉得这老板偷工减料了，更别说遇到空核桃或铁核桃了。如果是这样，回头客就没了。

针对这一点，他专门请了4名员工，其中，有两人专门负责在仓库里打包分等级。他把3类核桃品种分成七八个等级，分别按照大小、口味、消费对象分类，目的就是要使得消费者买到的核桃品质相对稳定、符合预期，从而赢得回头客。

实践证明，这一目的他完全达到了。例如，在他的分类中，有一种专门销售给孕妇的“瘦核桃”。出生在核桃之乡的杨世明说，核桃的口感区别非常大，而一般经营者对此不太敏感。其实老人、孕妇、小孩都会有各自不同的需求。如老年人比较喜欢个大、味浓的核桃，它们的含油量比较多；孕妇喜欢瘦型核桃，清爽而有回甘等等。为此，他专门闯入妈妈群、孕妇论坛去发广告，联合搞活动。

针对他过去3斤起邮的规定，有些消费者反映并不希望一下子就买这么多，而更喜欢经常吃新鲜的，同时又希望能免费邮寄，杨世明想出了一个两全其美的办法，那就是在经营核桃的同时，又增添了新疆大枣、夏威夷果、碧根果等相关休闲食品的销售。

这样，消费者有了更多的选择，同时又符合他3斤起邮的规定。而对于杨世明来说，既做成了生意，又扩大了经营范围，可谓有利无弊。

值得一提的是，由于核桃销售具有季节性，所以淡季时他也会联系月饼厂家销售月饼、填补空当。由于他在经销核桃时已经积累起了良好的信誉，所以也带动起了月饼销售，一季能销 80 多万元。他说，对他来说这是意外收获，过去是不敢想的。

3 年多下来，每斤 30 元左右的核桃他从来不打折销售，可是在网上的销量依然直线飙升，“梅林核桃王”的名气也慢慢地传开了，2010 年的销售额高达 320 多万元。

第七节 电子商务为新疆农产品销售开辟“超车道”

把电子商务比喻成“超车道”是恰如其分的。11 月 19 日，阿里研究院最新数据出炉，2014 年上半年，新疆卖家在淘宝、天猫上的销售额达 13.08 亿元，同比增长 68.70%，2013 年新疆农产品在 1 688 平台上的销售总额达 2.14 亿元，同比增长 1883%，18 倍的增长速度，让新疆特色农产品网销增速居全国前列，也让商家开始重视特色农产品的电子商务。

淘宝网新疆馆负责人田建刚介绍，当前，个人草根网商以及兵团等大农业电商正在飞速成长。2012 年新疆馆成立初期，只纳入了 200 多家新疆网店。如今，新疆馆旗下已经有超过 960 家新疆网店入驻。截至 2014 年 6 月，新疆在淘宝、天猫上的活跃卖家数量超过 2.47 万家，同比增长 29.51%。

快速增长的交易额和快速增长的卖家群体，使电子商务对农产品销售产生的巨大推动力正在逐渐显现。

维吉达尼农业合作社的成立就是个很好的例子。2012 年，来自深圳的 5 位援疆青年和维吾尔族青年阿穆一起，通过组织农业合作社开办了淘宝网店“维吉达尼”，使维吾尔族农户能将最优质的农产品卖到全国各地。“维吉达尼”网店负责人刘敬文介绍，短短3年时间，全疆有2 000多农户加入“维吉达尼”，去年“维吉达尼”销售规模约1 000万元，其中，淘宝网平台销售占比就达50%，线下销售占20%。今年“双十一”，“维吉达尼”一天就卖出了50万元的农产品，这相当于有产品参与到“双十一”销售热潮中的农户，都能获得2 000～10 000元的收益。

农村经济“网络化”

电子商务的发展除了促进农产品销售，带动农民增收外，其带动农村经济发展的能力也正在显现。农村电子商务也逐渐成为互联网经济发展的新引擎。

农业部农村经济研究中心主任宋洪远分析，2009年，农产品开始出现在网络销售中，形成了一批产销联动的产业群，规模总量不是很大。2012年，农产品网络销售出现井喷式发展，在阿里巴巴平台的交易规模达到200亿元。这一数字在2013年又翻了一番。传统的坚果类、零食类农副产品热卖的同时，生鲜类农产品销售近年来也在以每年100%以上的速度快速增长，农产品从传统的集贸市场搬到了网上，农产品的“网络化”发展水平改变了农产品的流通方式，也带动下游农产品加工、包装以及休闲农业的发展，对农业产业链的延长和价值链的形成都产生重要的促进作用。

宋洪远说，网购的快速发展还在为农产品的销售创造更大空间。2013年，我国网络零售额占社会消费品零售总额的比重已经超过10%，且还在以每年大于20%的速度增长，全国越来越多的人开始网购，为农产品销售创造了更大的需求空间，与此同时，在淘宝网平台上，乡镇以下农村卖家达到48万家，越来越多的农民在网上销售农产品，农村电子商务已经成为互联网经济发展的新引擎。

农村经济“网络化”带来的好处也是直接的。宋洪远认为，当前我国农村电子商务的发展大多依托社会化平台，参与这类平台，首先解决农民自身就业问题，随着网店规模的不断扩大，还将吸纳更多人就业，最终以创业带动就业；其次借助网络平台，将企业技术与农民主体有机结合，形成信息化带动工业化，工业化支持农业现代化发展的良性循环。

第八节　京郊农产品触电

不久前，阿里巴巴北方首个农村淘宝服务中心落户吉林通榆县，准备利用两年时间，在该县建立 100 个淘宝服务店，推动当地涉农电商企业发展。这一消息在京郊农民、合作社、电商中产生了不小的震动。随着网购的盛行，越来越多农户对网售农产品跃跃欲试。记者调查发现，京郊农产品电商销售这一新事物，目前尚处于初级阶段，人才、物流、产品信任度等问题依旧是制约郊区农产品触电的瓶颈。如何让农民从网销农产品中获得更大收益，眼下仍是一个亟需破解的难题。

在网店购物、微信订货日渐成为人们时尚便捷购物生活不可缺少的一部分时，电子商务对于京郊农民来说，也不再是个新鲜词。近年来，农民借助网络的力量，将田间地头的水果、肉蛋、五谷杂粮等农产品，也尝试着搬上了网店。这种新的电商模式正悄然影响着农民传统的生产方式。

西瓜贴上二维码，拍张照片，发在微信公众平台上，就有市民预订。去年夏天，大兴区庞各庄镇汉良瓜园主人王汉良，尝试在微信平台上卖西瓜，“没想到，5 000公斤西瓜一个月内就销售一空。”5 月起，他将瓜园信息发上微信平台，并在产品信息上加入西瓜种植的故事。顾客不仅买了瓜，还在网上夸赞大兴瓜儿甜，故事好听。

“过去我们卖瓜，都是走批发市场，咱这大兴西瓜名头响，可却淹没在了新发地批发市场。”王汉良说，西瓜熟了就得摘，不摘就会烂在地里，最后就都得出手给地头小贩，价卖不上去，很可惜。“提前用微信、网店等平台发送售卖信息，西瓜还没等熟就订了出去。”尝到微信销售的甜头后，王汉良现在又开起了淘宝店，同时和一家电商网站合作，推送合作社内的其余农产品，准备在网上大干一场。

眼下是郊游淡季，深山区门头沟区妙峰山镇涧沟村却淡季不淡，因为他们生产的玫瑰茶、玫瑰酱等产品正在网上售卖，收入并没减少。帮农民打理玫瑰花网店的是大学生村官姜正红。从 2013 年起，他在淘宝网上开了“妙峰山万亩玫瑰园”店，帮村民卖玫瑰。“村民一般销售自产玫瑰产品，都是在夏天旅游旺季，到了冬天网店就成了主销途径。”通过将村里玫瑰产品拍照上传，姜正红每天一闲下来就与网友交流，发订单，村民农产品冬售不再那么难了。

如今，一些农民从传统农民变成了“网农”，触电农产品在不断增加。北京市农业局对 200 多家农产品生产企业的调查显示，每年经电商销售的农产品总量已超过 1 万吨，主要包括企业以自身网站、微博、微信等自媒体为平台，产销企业与第三方大型电商联姻，一些零散的合作社、农户基地落户淘宝开办网店等三种销售模式。

主要参考文献

吴朝芳，王海霞，余全法，等．宁波市智慧畜牧业平台开发与应用实践．浙江农业科学，2014，08：1 271－1 274.

陈红华，田志宏．国内外农产品可追溯系统比较研究．商场现代化，2007，510：5－6.

黄苏庆，王焕森，管孝锋．浙江省农业电子政务的初探．浙江农业科学，2011（5）：1 185－1 188.

宋建辉．农业电子政务应用研究．武汉大学，2005.

李华，邱瑞贤：《世纪之村试水农村电商农产品，月交易额约八千万》，载《广州日报》，2012 年 1 月 11 日．

李玉巧：《水果"网上卖"模式谋求新突破》，重庆渝中政府门户网，2012 年 5 月 7 日．

边胜男：《美国农产品物流的发展及对中国的启示》，载《世界农业》，2010 年第 12 期．

林学富：《台州农产品首次集体触网，网上销售胜算几何》，载《台州日报》，2011 年 1 月 6 日．